大きな活字で
歎異抄
現代語訳

山口謠司

宝島社

はじめに

二〇二三年は、浄土真宗の宗祖・親鸞聖人《しんらんしょうにん》の生誕八五〇年目にあたります。ちょうど八五〇年前の一一七三年に生まれた親鸞が生きた時代の日本は、中世という時代が始まろうとしている時代です。平安時代も末期に差し掛かり、栄華を誇った貴族たちの力が弱まり、平清盛や源頼朝といった武士たちが台頭してきた、まさに時代の変わり目でした。いったいこれから社会はどうなるのか、どう生きていけばよいのか。既成の価値観が意味をなさなくなり、人々は何を信じていいのかもわからない、混迷の時代を生きなければなりませんでした。

そのなかで、人々の心の救いとなったのが、親鸞が唱える他力《たりき》の教えだったのです。日本に根づいた既存の仏教は、比叡《ひえい》山や高野山などで学ぶ高僧たちが、厳しい修行と学問に励むことで実践していた、狭き門です。自力で救済の道に達しようとするのですが、当然、すべての人間がそのような難しい道を歩むことはできません。偉い貴族や賢い僧侶ですら、なかなか悟ることができないのに、ましてや一般の庶民たちにとって、救済の道はより困難で険しいもののように思えます。しかし、親鸞が説く阿弥陀如来《あみだにょらい》による救済には、善人も悪人も、偉い人も偉くない人も、その区別は一切関係ありません。かつて法蔵と呼ばれた阿弥陀如来は、すべての人々が救われるまでは、自分は成仏しないという誓いを立てられました。いわゆる弥陀の本願（誓願）と呼ばれるものです。いかに混迷を極める時代にあっても、救いはあらかじめ用意されていると、親鸞は説きました。まさにそれが、他力と呼ばれるものなのです。親鸞はそのように慈悲深い阿弥陀如来の本願に気づくよう、人々に教えを説きました。しかし、時代が降《くだ》るとその教えが、曲解されたり、誤って用いられたりするようになり、親鸞の弟子である唯円《ゆいえん》が、本当の親鸞の教えを伝えようと書き記したものが、本書で紹介する『歎異抄《たんにしょう》』です。

中世への移り変わりの頃と同様に、私たちが生きる現代も、先行きがどうなるのか、確実なものなどないとも言えるような時代です。そんな現代にあって、改めて『歎異抄』を読むことは、生き方のヒントになるに違いありません。本書では、『歎異抄』原文と、なるべくわかりやすく訳した現代文を交互に並べています。ぜひ、その救済の教えを素直に味わってみてください。

目次

参考文献
梅原猛訳注『歎異抄』講談社
五木寛之『私訳 歎異抄』ＰＨＰ研究所
伊藤博之校注『新潮日本古典集成　歎異抄 三帖和讃』（新潮社）
梯實圓編『歎異抄』本願寺出版社
釈徹宗『親鸞の教えと歎異抄』ナツメ社
釈徹宗『歎異抄 救いのことば』文藝春秋
親鸞／野間宏訳『現代語訳 歎異抄』河出書房新社
竹村牧男『親鸞と一遍　日本浄土教とは何か』講談社

カバー・本文イラスト：田中圭一
カバーデザイン：妹尾善史（landfish）
本文デザイン・ＤＴＰ：木下裕之（kworks）
編集協力：吉祥寺事務所
画像提供：アフロ、ColBase（https://colbase.nich.go.jp/）

第一章

地獄こそが人間の行き先？

序

他力の本当の教え

ひそかに愚案《ぐあん》を回《めぐ》らして、ほぼ古今《ここん》を勘《かんが》ふるに、先師《せんし》（親鸞《しんらん》）の口伝《くでん》の真信《しんしん》に異《こと》なることを歎《なげ》き、後学相続《こうがくそうぞく》の疑惑《ぎわく》あることを思《おも》ふに、幸《さいわ》ひに有縁《うえん》の知識《ちしき》によらずは、いかでか易行《いぎょう》の一門《いちもん》に入《い》ることを得《え》んや。まったく自見《じけん》の覚語《かくご》をもつて他力《たりき》の宗旨《しゅうし》を乱《みだ》ることなかれ。よつて、故親鸞聖人《こしんらんしょうにん》の御物語《おんものがたり》の趣《おもむき》、耳《みみ》の底《そこ》に留《とど》むるところ、いささかこれを注《しる》す。ひとへに同心行者《どうしんぎょうじゃ》の不審《ふしん》を散《さん》ぜんがためなりと云々《うんぬん》。

現代語訳

私《わたし》のつたない思《おも》いではございますが、親鸞聖人《しんらんしょうにん》がご存命《ぞんめい》であったころと、現在《げんざい》とをくらべると、このごろの教《おし》えには、聖人《しょうにん》から直接《ちょくせつ》お聞《き》きした真実《しんじつ》の信心《しんじん》とは異《こと》なることが多《おお》く説《と》かれているように思《おも》えて、とても嘆《なげ》かわしく思《おも》います。

これでは、後学《こうがく》のものが教《おし》えを受《う》け継《つ》いでいくにあたり、さまざまな疑《うたが》いや迷《まよ》いがおきるのではないかと思《おも》うのです。幸《さいわ》いにも縁《えん》を得《え》て、まことの教《おし》えを示《しめ》してくださる師《し》と呼《よ》べる人《ひと》に出会《であ》えなかったとしたら、どうしてこの易行《いぎょう》の道《みち》、すなわち浄土教《じょうどきょう》の道《みち》の教《おし》えに入《はい》ることができるでしょうか。決《けっ》して、自分勝手《じぶんかって》な考《かんが》えにとらわれて、他力《たりき》の宗門《しゅうもん》、つまり浄土教《じょうどきょう》の本当《ほんとう》の教《おし》えを乱《みだ》れたものにすることは許《ゆる》されないのです。

そこで、今《いま》は亡《な》き親鸞聖人《しんらんしょうにん》がお聞《き》かせくださったお言葉《ことば》のうち、私《わたし》の耳底《じてい》に残《のこ》って忘《わす》れられないものを、ここに少《すこ》しばかり書《か》き記《しる》すことにします。これは、ただひとえに同《おな》じ念仏《ねんぶつ》の道《みち》を歩《あゆ》まれる人々《ひとびと》の疑問《ぎもん》を取《と》り除《のぞ》きたいからです。

キーワード

他力《たりき》

自らの力で救いを得ようとする「自力」の対となるもの。どんな人であっても阿弥陀如来の約束によって救われる。また、その力の存在に気づくことをいう。

第一条

阿弥陀仏の本願

弥陀《みだ》の誓願不思議《せいがんふしぎ》にたすけられまゐらせて、往生《おうじょう》をばとぐるなりと信《しん》じて念仏申《ねんぶつもう》さんとおもひたつこころのおこるとき、すなはち摂取不捨《せっしゅふしゃ》の利益《りやく》にあづけしめたまふなり。弥陀《みだ》の本願《ほんがん》には、老少《ろうしょう》・善悪《ぜんあく》のひとをえらばれず、ただ信心《しんじん》を要《よう》とするとしるべし。そのゆゑは、罪悪深重《ざいあくじんじゅう》、煩悩熾盛《ぼんのうしじょう》の衆生《しゅじょう》をたすけんがための願《がん》にてまします。しかれば本願《ほんがん》を信《しん》ぜんには、他《た》の善《ぜん》も要《よう》にあらず、念仏《ねんぶつ》にまさるべき善《ぜん》なきゆゑに。悪《あく》をもおそるべからず、弥陀《みだ》の本願《ほんがん》をさまたぐるほどの悪《あく》なきゆゑにと云々《うんぬん》。

現代語訳

阿弥陀仏《あみだぶつ》の、すべての生《い》きとし生《い》けるものを救《すく》うと誓《ちか》われた不可思議《ふかしぎ》な誓願《せいがん》（本《ほん》願《がん》）によって、必《かなら》ず浄土《じょうど》に往生《おうじょう》できると信《しん》じて、念仏《ねんぶつ》を称《とな》えようという思《おも》いがおこるとき、阿弥陀仏《あみだぶつ》は、その瞬間《しゅんかん》にその光明《こうみょう》の中《なか》に、我々《われわれ》をおさめ取《と》って、決《けっ》しておまえたちを見捨《みす》てないと、抱《だ》き取《と》ってくださいます。

この阿弥陀仏《あみだぶつ》の本願《ほんがん》は、老《お》いも若《わか》きも、善人《ぜんにん》も悪人《あくにん》もわけへだてなさいません。ただ、その本願《ほんがん》を聞《き》いて救《すく》いを信《しん》じる心《こころ》がかなめであると心得《こころえ》なければなりません。なぜなら、この本願《ほんがん》は、深《ふか》く重《おも》い罪《つみ》を持《も》ち、激《はげ》しい煩悩《ぼんのう》に苛《さいな》まれた人々《ひとびと》を救《すく》おうとしておこされた願《ねが》いだからです。

それゆえ、阿弥陀様《あみださま》の本願《ほんがん》を信《しん》じる人《ひと》は、念仏以外《ねんぶついがい》に、他《ほか》に善《よ》い行《おこな》いをする必要《ひつよう》はありません。念仏《ねんぶつ》よりもすぐれた「善《ぜん》」はないからです。また、どんな「悪《あく》」も、恐《おそ》れることはありません。阿弥陀仏《あみだぶつ》の本願《ほんがん》をさまたげるほどの「悪《あく》」はないからです。

キーワード

弥陀《みだ》の本願《ほんがん》

弥陀の誓願ともいう。阿弥陀如来が、すべての人々を救済できるように自らに誓いを立てたことをいう。この弥陀の本願＝誓願によって、いつでも人々は救われ、浄土に行ける。

第二条①

救いをひたすらに信じる

おのおの十余箇国《じゅうよかこく》のさかひをこえて、身命《しんみょう》をかへりみずして、たづねきたらしめたまふ御《おん》こころざし、ひとへに往生極楽《おうじょうごくらく》のみちを問《と》ひきかんがためなり。しかるに念仏《ねんぶつ》よりほかに往生《おうじょう》のみちをも存知《ぞんじ》し、また法文等《ほうもんとう》をもしりたるらんと、こころにくくおぼしめしておはしましてはんべらんは、おほきなるあやまりなり。もししからば、南都北嶺《なんとほくれい》にもゆゆしき学生《がくしょう》たちおほく座《おわ》せられて候《そうろ》ふなれば、かのひとにもあひたてまつりて、往生《おうじょう》の要《よう》よくよくきかるべきなり。親鸞《しんらん》におきては、ただ念仏《ねんぶつ》して、弥陀《みだ》にたすけられまゐらすべしと、よきひと(法然《ほうねん》)の仰《おお》せをかぶりて、信《しん》ずるほかに別《べつ》の子細《しさい》なきなり。

現代語訳

あなたがたが、はるばる常陸国《ひたちのくに》から十余カ国《じゅうよかこく》の国境《こっきょう》を越《こ》えて、命《いのち》がけで、京都《きょうと》のわたしを訪《たず》ねてこられたのは、ただひとえに、極楽浄土《ごくらくじょうど》に往生《おうじょう》する道《みち》を問《と》いただしたいという一心《いっしん》からに違《ちが》いありません。しかし、このわたし親鸞《しんらん》が教《おし》えた念仏《ねんぶつ》の他《ほか》に、浄土《じょうど》に往生《おうじょう》するための呪文《じゅもん》や難《むずか》しい経典《きょうてん》の言葉《ことば》を知《し》っているとか、他《ほか》の特別《とくべつ》な教《おし》えがあるのではないかとお考《かんが》えになっているのなら、それは大変《たいへん》な誤《あやま》りです。

そういう期待《きたい》が、皆様《みなさま》にあるとしたら、奈良《なら》や比叡山《ひえいざん》にもすぐれた学僧《がくそう》たちがいくらでもおいでになりますから、その人《ひと》たちをお訪《たず》ねになって、「浄土往生《じょうどおうじょう》のかなめ」を詳《くわ》しくお尋《たず》ねになるとよいのです。

わたし、親鸞《しんらん》においては、「ただひたすら念仏《ねんぶつ》して、阿弥陀仏《あみだぶつ》に救《すく》われ往生《おうじょう》させていただくのである」という、我《わ》が師《し》・法然上人《ほうねんしょうにん》のお言葉《ことば》をいただき、それを信《しん》じているだけで、他《ほか》に何《なに》かがあるわけではありません。

キーワード

往生極楽《おうじょうごくらく》

苦しみのない安心できる世界。絢爛豪華《けんらんごうか》に飾った仏像を拝んだり、名のある高僧に仕えたりせずとも、ただ念仏を唱え自分の中に仏を思い描くことで、そうした安楽を得られる。

第二条②

たとえ地獄に堕ちたとしても

念仏《ねんぶつ》は、まことに浄土《じょうど》に生《うま》るるたねにてやはんべらん、また地獄《じごく》におつべき業《ごう》にてやはんべるらん、総《そう》じてもつて存知《ぞんじ》せざるなり。たとひ法然聖人《ほうねんしょうにん》にすかされまゐらせて、念仏《ねんぶつ》して地獄《じごく》におちたりとも、さらに後悔《こうかい》すべからず候《そうろ》ふ。そのゆゑは、自余《じよ》の行《ぎょう》もはげみて仏《ぶつ》に成《な》るべかりける身《み》が、念仏《ねんぶつ》を申《もう》して地獄《じごく》にもおちて候《そうら》はばこそ、すかされたてまつりてといふ後悔《こうかい》も候《そうら》はめ。いづれの行《ぎょう》もおよびがたき身《み》なれば、とても地獄《じごく》は一定《いちじょう》すみかぞかし。

現代語訳

念仏《ねんぶつ》は本当《ほんとう》に浄土《じょうど》に生《う》まれる因《いん》なのか、あるいは地獄《じごく》に堕《お》ちる行《おこな》いなのか、まったくわたしの知《し》るところではありません。たとえ法然上人《ほうねんしょうにん》にだまされて、念仏《ねんぶつ》をしたために地獄《じごく》へ堕《お》ちたとしても、決《けっ》して後悔《こうかい》はいたしません。

なぜなら、他《ほか》の修行《しゅぎょう》に励《はげ》むことで仏《ほとけ》になれたはずのわたしが、それをしないで念《ねん》仏《ぶつ》したために地獄《じごく》へ堕《お》ちたというのなら、だまされたという後悔《こうかい》もあるでしょうが、どのような修行《しゅぎょう》にも堪《た》えることができないわたしは、どうしても地獄《じごく》を免《まぬか》れることができない人間《にんげん》なのです。

キーワード

地獄《じごく》

常に仏があり、往生極楽の道が用意されているように、地獄もまたどこにでもある。自らの欲深い行いによって、自ら生み出してしまう苦しみの世界のこと。

第二条③

真実の教え

弥陀《みだ》の本願《ほんがん》まことにおはしまさば、釈尊《しゃくそん》の説教虚言《せっきょうきょごん》なるべからず。仏説《ぶっせつ》まことにおはしまさば、善導《ぜんどう》の御釈虚言《おんしゃくきょごん》したまふべからず。善導《ぜんどう》の御釈《おんしゃく》まことならば、法然《ほうねん》の仰《おお》せそらごとならんや。法然《ほうねん》の仰《おお》せまことならば、親鸞《しんらん》が申《もう》すむね、またもつてむなしかるべからず候《そうろ》ふか。詮《せん》ずるところ、愚身《ぐしん》の信心《しんじん》におきてはかくのごとし。このうへは、念仏《ねんぶつ》をとりて信《しん》じたてまつらんとも、またすてんとも、面々《めんめん》の御《おん》はからひなりと云々《うんぬん》。

現代語訳

阿弥陀仏《あみだぶつ》の本願《ほんがん》という教《おし》えが真実《しんじつ》であるなら、それを説《と》き示《しめ》してくださった釈尊《しゃくそん》の教《おし》えがいつわりであるはずはありません。釈尊《しゃくそん》の教《おし》えが真実《しんじつ》であるなら、その本《ほん》願念仏《がんねんぶつ》のこころをあらわされた中国《ちゅうごく》の善導大師《ぜんどうたいし》の解釈《かいしゃく》にいつわりのあるはずがありません。善導大師《ぜんどうたいし》の解釈《かいしゃく》が真実《しんじつ》であるなら、それによって念仏往生《ねんぶつおうじょう》の道《みち》を明《あき》らかにしてくださった法然上人《ほうねんしょうにん》のお言葉《ことば》がどうして嘘《うそ》いつわりでありましょうか。法然上《ほうねんしょう》人《にん》の教《おし》えが真実《しんじつ》であるなら、この親鸞《しんらん》が申《もう》すこともまたいつわりということにはならないでしょう。

わたしの信心《しんじん》はこの通《とお》りです。あとは、皆様《みなさま》が、念仏《ねんぶつ》の教《おし》えを信《しん》じようとも、念《ねん》仏《ぶつ》を捨《す》てようとも、それぞれのお考《かんが》え次第《しだい》なのです。

キーワード

愚身《ぐしん》

人間は生きている以上、他の生き物を殺し、食べなければならない。生きながらに地獄を生み出す愚かな存在であると同時に、それにすら気づけない自らの愚かさをいう。

親鸞の生涯①

生い立ちと出家、比叡山での修行

わずか九歳で出家、比叡山へ

親鸞は一一七三（承安三）年、京都郊外の日野に生まれたとされる。父は、朝廷に仕える下級貴族だったが、早くに亡くなったとされる。そのため、親鸞はわずか九歳で、仏門に入ることになった（現在の研究では、親鸞の父は、親鸞が成人する頃までは存命だったと考えられている）。親鸞の下には、尋有《じんゆう》、兼有《けんゆう》、有意《ゆうい》、行兼《こうけん》の四人の弟がいたが、いずれも兄弟揃って出家したとされている。

九歳の親鸞は、叔父に付き添われて、青蓮院の慈円のもとで得度（出家すること）したとされる（ただ、当時はまだ慈円も青蓮院の門主ではなく、事実だったかは定かではない）。

出家後、親鸞は二〇年の長き歳月を、比叡山で過ごした。厳しい仏門の修行と勉学に励んだとされる。親鸞はひたすら念仏を唱える堂僧だったと考えられている。

厳しい修行を重ねながらも、本当にこれで救いの道へと達することができるのか、疑問を抱いていた親鸞は、二九歳の頃、六角堂に籠り聖徳太子の夢を見たという。そのとき、聖徳太子が救世菩薩《ぐぜぼさつ》として現れたという。中世の人々にとって、夢は現実にも影響を与える意味を孕《はら》んだものであったとされる。吉夢を売買する例などもあった。

親鸞は節目節目で、夢のなかで啓示を受け、自分の進むべき道を指し示されたとされる。

「聖徳太子二王子像（模本）」
（東京国立博物館所蔵）

第二章

悪人こそが救われる⁉

第三条①

悪人だからこそ往生できる

善人《ぜんにん》なほもつて往生《おうじょう》をとぐ、いはんや悪人《あくにん》をや。しかるを世《よ》のひとつねにいはく、「悪人《あくにん》なほ往生《おうじょう》す、いかにいはんや善人《ぜんにん》をや」。この条《じょう》、一旦《いったん》そのいはれあるに似《に》たれども、本願他力《ほんがんたりき》の意趣《いしゅ》にそむけり。そのゆゑは、自力作善《じりきさぜん》のひとは、ひとへに他力《たりき》をたのむこころかけたるあひだ、弥陀《みだ》の本願《ほんがん》にあらず。しかれども、自力《じりき》のこころをひるがへして、他力《たりき》をたのみたてまつれば、真実報土《しんじつほうど》の往生《おうじょう》をとぐるなり。

現代語訳

善人《ぜんにん》でさえ浄土《じょうど》に往生《おうじょう》することができるのです。まして悪人《あくにん》が往生《おうじょう》できないはずがありません。

ところが世間《せけん》の人《ひと》は、ふつう「悪人《あくにん》でさえ往生《おうじょう》するのだから、まして善人《ぜんにん》が往《おう》生《じょう》できるのは当然《とうぜん》だ」と言《い》います。これは一応《いちおう》もっともな言葉《ことば》のように思《おも》えますが、阿弥陀仏《あみだぶつ》の本願他力《ほんがんたりき》の救《すく》いによって考《かんが》えてみると、まったく相反《あいはん》するものなのです。なぜなら、「自力《じりき》」で修行《しゅぎょう》をして善行《ぜんこう》によって往生《おうじょう》しようとする人《ひと》は、ひとすじに本願《ほんがん》に頼《たの》むことがなく、阿弥陀仏《あみだぶつ》の本願《ほんがん》にかなう人《ひと》ではなくなってしまうからなのです。しかしそのような人《ひと》でも、自力《じりき》にとらわれた心《こころ》をあらため、阿弥陀仏《あみだぶつ》の本願《ほんがん》をたのむようにするならば、浄土《じょうど》に往生《おうじょう》することができるのです。

キーワード

悪人《あくにん》

欲にまみれて他人を傷つけてしまう愚かな存在であること。因縁（自分のやったことの結果と、縁によって知らず知らずに巻き込まれること）により人は悪人であることを免れない。

第三条②

迷いからは逃れられない

煩悩具足《ぼんのうぐそく》のわれらは、いづれの行《ぎょう》にても生死《しょうじ》をはなるることあるべからざるを、あはれみたまひて願《がん》をおこしたまふ本意《ほんい》、悪人成仏《あくにんじょうぶつ》のためなれば、他力《たりき》をたのみたてまつる悪人《あくにん》、もつとも往生《おうじょう》の正因《しょういん》なり。よつて善人《ぜんにん》だにこそ往《おう》生《じょう》すれ、まして悪人《あくにん》はと、仰《おお》せ候《そうら》ひき。

現代語訳

あらゆる煩悩《ぼんのう》にとらわれた我々《われわれ》は、どのような修行《しゅぎょう》によっても、迷《まよ》いの世界《せかい》から逃《のが》れることはできません。阿弥陀仏《あみだぶつ》は、それを憐《あわ》れんで誓願《せいがん》を立《た》てられたのであり、それは、つまり、わたしどものような悪人《あくにん》を救《すく》いとって仏《ほとけ》にするためなのです。ですから、この阿弥陀仏《あみだぶつ》の本願《ほんがん》にたのむより他《ほか》、救《すく》いを求《もと》める悪人《あくにん》こそ、まさに浄土《じょうど》に往生《おうじょう》し、仏《ほとけ》となる種《たね》を持《も》つものなのです。

だからこそ、善人《ぜんにん》でさえも往生《おうじょう》するのだから、まして悪人《あくにん》はいうまでもないと、法然聖人《ほうねんしょうにん》は仰《おお》せになったのです。

キーワード

〈悪人《あくにん》〉正因《しょういん》

因縁の絡み合いによって悪人であることを免れないという自らの悪性を自覚して、そんな悪人をも救う弥陀の本願にお任せし、だからこそ往生できることに気づくこと。

第四条

自力（聖道）と他力（浄土）

慈悲《じひ》に聖道《しょうどう》・浄土《じょうど》のかはりめあり。聖道《しょうどう》の慈悲《じひ》といふは、ものをあはれみ、かなしみ、はぐくむなり。しかれども、おもふがごとくたすけとぐること、きはめてありがたし。浄土《じょうど》の慈悲《じひ》といふは、念仏《ねんぶつ》して、いそぎ仏《ぶつ》に成《な》りて、大慈大悲心《だいじだいひしん》をもつて、おもふがごとく衆生《しゅじょう》を利益《りやく》するをいふべきなり。今生《こんじょう》に、いかにいとほし不便《ふべん》とおもふとも、存知《ぞんじ》のごとくたすけがたければ、この慈悲始終《じひしじゅう》なし。しかれば、念仏申《ねんぶつもう》すのみぞ、すゑとほりたる大慈悲心《だいじひしん》にて候《そうろ》ふべきと云々《うんぬん》。

現代語訳

慈悲《じひ》について言《い》うならば、仏教《ぶっきょう》の教《おし》えには、聖道《しょうどう》と浄土《じょうど》の門《もん》では、大《おお》きな違《ちが》いがあります。

聖道門《しょうどうもん》の慈悲《じひ》とは、すべてのものをあわれみ、いとおしみ、慈《いつく》しむことですが、しかし思《おも》い通《どお》りに人《ひと》を助《たす》けるのは、きわめて難《むずか》しいことです。

これに対《たい》して浄土門《じょうどもん》の慈悲《じひ》とは、念仏《ねんぶつ》して速《すみ》やかに仏《ほとけ》となり、その大《おお》いなる慈悲《じひ》の心《こころ》で、思《おも》いのままにすべてのものを救《すく》う教《おし》えです。

この世《よ》に生《い》きている間《あいだ》は、どれほどかわいそうだ、気《き》の毒《どく》だと思《おも》っても、思《おも》い通《どお》りに、人《ひと》を救《すく》うことはできません。このように聖道《しょうどう》の慈悲《じひ》は完全《かんぜん》なものではありません。ですから、ただ念仏《ねんぶつ》することだけが本当《ほんとう》に徹底《てってい》した大《おお》いなる慈悲《じひ》の心《こころ》なのです。

キーワード

聖道門《しょうどうもん》
浄土門《じょうどもん》

自力で修行し学び、悟りを開いていくのが聖道門（天台宗など）。対して浄土宗では、つねに浄土というものは約束されているという他力の道としての浄土門を提唱する。

第五条

父母の供養はしたことがない

親鸞《しんらん》は父母《ぶも》の孝養《きょうよう》のためとて、一返《いっぺん》にても念仏申《ねんぶつもう》したること、いまだ候《そうら》はず。そのゆゑは、一切《いっさい》の有情《うじょう》はみなもつて世々生々《せせしょうじょう》の父母《ぶも》・兄弟《きょうだい》なり。いづれもいづれも、この順次生《じゅんじしょう》に仏《ぶつ》に成《な》りてたすけ候《そうろ》ふべきなり。わがちからにてはげむ善《ぜん》にても候《そうら》はばこそ、念仏《ねんぶつ》を回向《えこう》して父母《ぶも》をもたすけ候《そうら》はめ。ただ自力《じりき》をすてて、いそぎ浄土《じょうど》のさとりをひらきなば、六道《ろくどう》・四生《ししょう》のあひだ、いづれの業苦《ごうく》にしづめりとも、神通方便《じんずうほうべん》をもつて、まづ有縁《うえん》を度《ど》すべきなりと云々《うんぬん》。

現代語訳

わたし、親鸞《しんらん》は亡《な》き父母《ちちはは》の追善供養《ついぜんくよう》のために念仏《ねんぶつ》したことは、かつて一度《いちど》もありません。なぜなら、命《いのち》のあるものはすべてみな、これまで何度《なんど》となく生《う》まれ変《か》わり、死《し》に変《か》わりしてきた中《なか》で、互《たが》いに父母《ちちはは》であり兄弟姉妹《きょうだいしまい》であったのです。であるとすれば、この世《よ》での命《いのち》を終《お》えると同時《どうじ》に、浄土《じょうど》に往生《おうじょう》してただちに仏《ほとけ》となり、人《ひと》は皆《みな》、救《すく》われることができるのです。

念仏《ねんぶつ》が、自力《じりき》で努《つと》める善《ぜん》であるとするなら、その功徳《くどく》によって亡《な》き父母《ちちはは》を救《すく》うこともできるでしょうが、念仏《ねんぶつ》は、決《けっ》してそのようなものではありません。人《ひと》が、自力《じりき》にとらわれた心《こころ》をふり捨《す》て、速《すみ》やかに浄土《じょうど》に往生《おうじょう》して仏《ほとけ》になれば、迷《まよ》いの世界《せかい》でさまざまな生《せい》を受《う》け、苦《くる》しみの中《なか》にあろうとも、阿弥陀仏《あみだぶつ》の不可思議《ふかしぎ》な力《ちから》によって、まず仏縁《ぶつえん》のある人々《ひとびと》を救《すく》うことができるのです。

キーワード

回向《えこう》

自力で徳を積み、自分だけが往生すれば幸せかといえばそうではない。それと同時に他人も救っていかないといけない。自分だけ救われるのではなく、みんなで救われようとすること。

第六条①

縁でつながる

専修念仏《せんじゅねんぶつ》のともがらの、わが弟子《でし》、ひとの弟子《でし》といふ相論《そうろん》の候《そうろ》ふらんこと、もつてのほかの子細《しさい》なり。親鸞《しんらん》は弟子《でし》一人《いちにん》ももたず候《そうろ》ふ。そのゆゑは、わがはからひにて、ひとに念仏《ねんぶつ》を申《もう》させ候《そうら》はばこそ、弟子《でし》にても候《そうら》はめ。弥陀《みだ》の御《おん》もよほしにあづかつて念仏申《ねんぶつもう》し候《そうろ》ふひとを、わが弟子《でし》と申《もう》すこと、きはめたる荒涼《こうりょう》のことなり。つくべき縁《えん》あればともなひ、はなるべき縁《えん》あればはなるることのあるをも、師《し》をそむきて、ひとにつれて念仏《ねんぶつ》すれば、往生《おうじょう》すべからざるものなりなんどいふこと、不可説《ふかせつ》なり。

現代語訳

おなじ専修念仏《せんじゅねんぶつ》の道《みち》を歩《あゆ》む人々《ひとびと》の中《なか》で、自分《じぶん》の弟子《でし》だ、他《ほか》の人《ひと》の弟子《でし》だという言《い》い争《あらそ》いが起《お》こっていると聞《き》きますが、これはもってのほかの事態《じたい》だと思《おも》います。

わたし、親鸞《しんらん》は、一人《ひとり》の弟子《でし》も持《も》っていません。なぜなら、わたしの取《と》り計《はか》らいで他《ほか》の人《ひと》に念仏《ねんぶつ》させるのなら、その人《ひと》はわたしの弟子《でし》とも言《い》えるでしょう。しかし、専修念仏《せんじゅねんぶつ》は、阿弥陀仏《あみだぶつ》のはたらきにうながされて行《おこな》われるものであって、わたしの弟子《でし》などというのは、この上《うえ》もなく尊大《そんだい》な言《い》い分《ぶん》と言《い》わねばなりません。

付《つ》きしたがう縁《えん》があれば一緒《いっしょ》になり、離《はな》れるべき縁《えん》があれば離《はな》れていくものなのに、「師《し》に背《そむ》いて他《ほか》の人《ひと》にしたがって念仏《ねんぶつ》する人《ひと》は、往生《おうじょう》できない」などと言《い》うのは、とんでもないことです。

キーワード

専修念仏《せんじゅねんぶつ》

念仏を一心に唱えて他力の思想に自分を染め上げていくこと。一人ひとりが他力に気づき決心する。みんなで救われる回向からまた個人へと戻り、この往還を繰り返していく。

第六条②

仏の恩、師の恩

如来《にょらい》よりたまはりたる信心《しんじん》を、わがものがほに、とりかへさんと申《もう》すにや。かへすがへすもあるべからざることなり。自然《じねん》のことわりにあひかなはば、仏恩《ぶっとん》をもしり、また師《し》の恩《おん》をもしるべきなりと云々《うんぬん》。

現代語訳

阿弥陀仏《あみだぶつ》からいただいた信心《しんじん》を、まるで自分《じぶん》が与《あた》えたものであるかのように、取《と》り返《かえ》そうとでもいうのでしょうか。そのようなことは、決《けっ》してあってはならないことです。

阿弥陀仏《あみだぶつ》の本願《ほんがん》という他力《たりき》の道理《どうり》にかなうなら、おのずから仏《ほとけ》のご恩《おん》もわかり、また師《し》の恩《おん》もわかるはずです。

キーワード

如来《にょらい》

人々に救いをもたらす者であると同時に、仏の教えや心がけ（法灯）を次につなげていくために来た人のことをいう。「かくのごとくきたりしひと」の意。

親鸞の生涯②

法然との出会い

聖覚を通じて法然を知る

親鸞の大きな転機となったのは、生涯の師となる法然との出会いであった。

法然は、現在の知恩院の南にある吉水《よしみず》に住み、一心に念仏を唱えること（専修念仏）の教えを説いていた。法然六九歳、親鸞二九歳の頃である。南無阿弥陀仏と唱え、人々を全員救ってくれるという弥陀の本願を信じることで、安楽の世界へと行くことができるというシンプルな教えに、共感を持つ人々は多く、当時、すでに弟子は三〇〇人以上もいたと言われている。

六角堂での夢のお告げにより、比叡山を降りた親鸞は、評判の法然に会いたいと思ったが、それだけ多くの弟子がいるならば自分は会うことはできないだろうと卑下していた。しかし、法然の弟子・聖覚《しょうかく》の知己を得ると、親鸞を法然へと引き合わせてくれたのである。親鸞は生涯、聖覚を尊敬し、その著書『唯信鈔《ゆいしんしょう》』を大変に評価している。まさに聖覚を通じて、法然を知ったのである。こうして、法然の門下に入った親鸞は、当時のことを「雑行を棄てて本願に帰す」と記している。比叡山での難行から、念仏に帰依する易行へ、自力から他力へと目覚めた親鸞の心持ちが窺える。

親鸞は二九歳で法然の元に入門し、四年後の三三歳の頃には、法然の著書『選択本願念仏集《せんじゃくほんがんねんぶつしゅう》』の書写を許されたと伝わる。書写を許された者は、三〇〇人以上もいたと言われる弟子のなかでもほんのわずかであった。

「拾遺古徳伝絵巻断簡」（東京国立博物館所蔵）より、法然（左）と園城寺の公胤が浄土の教えについて議論する様子。

第三章

念仏を唱えるだけでよい？

第七条

念仏をする人

念仏者《ねんぶつしゃ》は無碍《むげ》の一道《いちどう》なり。そのいはれいかんとならば、信心《しんじん》の行者《ぎょうじゃ》には、天神《てんじん》・地祇《じぎ》も敬伏《きょうぶく》し、魔界《まかい》・外道《げどう》も障碍《しょうげ》することなし。罪悪《ざいあく》も業報《ごうほう》を感《かん》ずることあたはず、諸善《しょぜん》もおよぶことなきゆゑなりと云々《うんぬん》。

現代語訳

念仏《ねんぶつ》は、何《なに》ものにもさまたげられないただひとすじの道《みち》です。

それはなぜかというと、本願《ほんがん》を信《しん》じて念仏《ねんぶつ》する人《ひと》には、天《てん》の神《かみ》も、地《ち》の神《かみ》も敬《うやま》ってひれ伏《ふ》し、魔《ま》の世界《せかい》にあるものも、異教《いきょう》の人《ひと》も、その歩《あゆ》みをさまたげることができないからなのです。

また、どのような罪悪《ざいあく》も、その報《むく》いを、念仏《ねんぶつ》をする人《ひと》にもたらすことはできず、どのような善《ぜん》も、本願《ほんがん》の念仏《ねんぶつ》には及《およ》ばないからなのです。

キーワード

無《む》碍《げ》の一《いち》道《どう》

何ものにもさまたげられない、さまたげるものがない一筋の大きな道のことをいう。善悪など人間が一般的に価値判断してしまうものを超えたところにある。

第八条

自力を脱する

念仏《ねんぶつ》は行者《ぎょうじゃ》のために、非行《ひぎょう》・非善《ひぜん》なり。わがはからひにて行《ぎょう》ずるにあらざれば非行《ひぎょう》といふ。わがはからひにてつくる善《ぜん》にもあらざれば非善《ひぜん》といふ。ひとへに他力《たりき》にして自力《じりき》をはなれたるゆゑに、行者《ぎょうじゃ》のためには非行《ひぎょう》・非善《ひぜん》なりと云々《うんぬん》。

現代語訳

念仏《ねんぶつ》は、それを称《とな》えるものにとって、行《ぎょう》でもなく善《ぜん》でもありません。念仏《ねんぶつ》は、自《じ》分《ぶん》の計《はか》らいによって行《おこな》うのではないから、わたしは、それを「行《ぎょう》」ではないと言《い》うのです。また、念仏《ねんぶつ》は、自分《じぶん》の計《はか》らいによって行《おこな》う善《ぜん》ではないから、「善《ぜん》」ではないと言《い》うのです。念仏《ねんぶつ》は、ひとえに阿弥陀仏《あみだぶつ》の本願《ほんがん》のはたらきに基《もと》づくものであって、人間《にんげん》の自力《じりき》を脱《だっ》するものですから、それを称《たた》えるものにとっては、「行《ぎょう》」でもなく「善《ぜん》」でもないのです。

キーワード

念仏《ねんぶつ》

「念」は「今」に「心」と書く。「今」という字はもともと矢印に似た形で、心をこの一点に集中させよという意。仏を心のなかに描き、ひたすら集中して安心を得ることを意味する。

第九条①

煩悩を身にそなえた凡夫

念仏申《ねんぶつもう》し候《そうら》へども、踊躍歓喜《ゆやくかんぎ》のこころおろそかに候《そうろ》ふこと、またいそぎ浄《じょう》土《ど》へまゐりたきこころの候《そうら》はぬは、いかにと候《そうろ》ふべきことにて候《そうろ》ふやらんと、申《もう》しいれて候《そうら》ひしかば、親鸞《しんらん》もこの不審《ふしん》ありつるに、唯円房《ゆいえんぼう》おなじこころにてありけり。よくよく案《あん》じみれば、天《てん》にをどり地《ち》にをどるほどによろこぶべきことを、よろこばぬにて、いよいよ往生《おうじょう》は一定《いちじょう》とおもひたまふなり。よろこぶべきこころをおさへて、よろこばざるは煩悩《ぼんのう》の所為《しょい》なり。しかるに仏《ぶっ》かねてしろしめして、煩悩具足《ぼんのうぐそく》の凡夫《ぼんぶ》と仰《おお》せられたることなれば、他力《たりき》の悲願《ひがん》はかくのごとし、われらがためなりけりとしられて、いよいよたのもしくおぼゆるなり。

現代語訳

わたし唯円《ゆいえん》が、先師《せんし》・親鸞聖人《しんらんしょうにん》にこのように申《もう》し上《あ》げたことがございました。「念仏《ねんぶつ》を申《もう》しおりましても、勇《いさ》み躍《おど》り上《あ》がるような喜《よろこ》びの心《こころ》がそれほど湧《わ》いてきませんし、また少《すこ》しでも速《はや》く浄土《じょうど》に往生《おうじょう》したいという心《こころ》も起《お》こってこないのは、どのように考《かんが》えたらよいのでしょうか」。すると、親鸞聖人《しんらんしょうにん》は、次《つぎ》のように仰《おっしゃ》ったのです。

この親鸞《しんらん》もなぜだろうかと思《おも》っていたのですが、唯円房《ゆいえんぼう》よ、あなたも同《おな》じ心持《こころも》ちだったのですね。

よくよく考《かんが》えてみますと、天《てん》に躍《おど》り、地《ち》に踊《おど》るほど大喜《おおよろこ》びするはずのことが喜《よろこ》べないからこそ、ますます往生《おうじょう》は間違《まちが》いないと思《おも》うのです。喜《よろこ》んでよいはずの心《こころ》を抑《おさ》えて喜《よろこ》べないのは、煩悩《ぼんのう》のなすところなのです。そうしたわたしどもであることを、阿弥陀仏《あみだぶつ》ははじめから知《し》っておられて、「あらゆる煩悩《ぼんのう》を身《み》にそなえた凡夫《ぼんぶ》」であると仰《おお》せになっているのですから、阿弥陀仏《あみだぶつ》の本願《ほんがん》はこのようなわたしどものために、大《おお》いなる慈悲《じひ》の心《こころ》でおこされたのだなあと気《き》づかされ、ますます頼《たよ》りにしてよいものだと思《おも》われるのです。

キーワード

踊躍歓喜《ゆやくかんぎ》

念仏によって無碍の一道を見つけることができれば、喜びに満ち溢れていく。仏と一体になることで、踊り出したくなるほどに心身に喜びが満ち溢れていくこと。

第九条②

喜べない、だからこそ往生できる

また浄土《じょうど》へいそぎまゐりたきこころのなくて、いささか所労《しょろう》のこともあれば、死《し》なんずるやらんとこころぼそくおぼゆることも、煩悩《ぼんのう》の所為《しょい》なり。久遠劫《くおんごう》よりいままで流転《るてん》せる苦悩《くのう》の旧里《きゅうり》はすてがたく、いまだ生《うま》れざる安養浄土《あんにょうじょうど》はこひしからず候《そうろ》ふこと、まことによくよく煩悩《ぼんのう》の興盛《こうじょう》に候《そうろ》ふにこそ。なごりをしくおもへども、娑婆《しゃば》の縁《えん》尽《つ》きて、ちからなくしてをはるときに、かの土《ど》へはまゐるべきなり。いそぎまゐりたきこころなきものを、ことにあはれみたまふなり。これにつけてこそ、いよいよ大悲大願《だいひだいがん》はたのもしく、往生《おうじょう》は決《けつ》定《じょう》と存《ぞん》じ候《そうら》へ。踊躍歓喜《ゆやくかんぎ》のこころもあり、いそぎ浄土《じょうど》へもまゐりたく候《そうら》はんには、煩悩《ぼんのう》のなきやらんと、あやしく候《そうら》ひなましと云々《うんぬん》。

現代語訳

また、浄土《じょうど》に、速《すみ》やかに往生《おうじょう》したいという心《こころ》がおこらず、少《すこ》しでも病気《びょうき》にかかると、死《し》ぬのではないだろうかと心細《こころぼそ》く思《おも》われるのも、煩悩《ぼんのう》のなすところです。限《かぎ》りなく遠《とお》い昔《むかし》からこれまで、生《う》まれ変《か》わり、死《し》に変《か》わりし続《つづ》けてきた、苦悩《くのう》に満《み》ちたこの迷《まよ》いの故郷《こきょう》である今生《こんじょう》は捨《す》てがたく、まだ生《う》まれたことのない安《やす》らかなさとりの世界《せかい》に心《こころ》ひかれないのは、まことに煩悩《ぼんのう》の勢《いきお》いが強《つよ》いからなのです。どれほど名残惜《ごりお》しいと思《おも》っても、この世《よ》の縁《えん》が尽《つ》き、どうすることもできないで命《いのち》を終《お》えるとき、我々《われわれ》はみな、浄土《じょうど》に往生《おうじょう》させていただくのです。早《はや》く往生《おうじょう》したいという心《こころ》のないわたしどものようなものを、阿弥陀仏《あみだぶつ》はことのほかあわれに思《おも》ってくださるのです。このことによって、ますます大《おお》いなる阿弥陀仏《あみだぶつ》の大慈悲《だいじひ》、そして大《おお》いなる誓願《せいがん》はたのもしく、往生《おうじょう》は間違《まちが》いないと思《おも》うことができるのです。もしも、念仏《ねんぶつ》をするときに、勇《いさ》み躍《おど》り上《あ》がったり、非常《ひじょう》に喜《よろこ》んだりする心《こころ》が湧《わ》きおこり、また少《すこ》しでも早《はや》く浄土《じょうど》に往生《おうじょう》したいというのでしたら、煩悩《ぼんのう》がないのだろうかと、かえってよくないことなのではないかと思《おも》います。

キーワード

煩悩《ぼんのう》

欲で乱れ、知恵をさまたげるものが煩悩。弥陀による救済が信じられず「助けてくれないじゃないか」と浅はかな知恵でもって、心を乱してしまうことをいう。

第十条

計らいをやめ、目覚めよ

念仏《ねんぶつ》には無義《むぎ》をもつて義《ぎ》とす。不可称不可説不可思議《ふかしょうふかせつふかしぎ》のゆゑにと仰《おお》せ候《そうら》ひき。

現代語訳

「本願他力《ほんがんたりき》の念仏《ねんぶつ》においては、自力《じりき》の計《はか》らいがないことを根本《こんぽん》の道理《どうり》とします。念《ねん》仏《ぶつ》は言葉《ことば》で表《あらわ》すことができるものではなく、説明《せつめい》し尽《つ》くすということができるものではなく、あれこれと人間《にんげん》の愚《おろ》かな知恵《ちえ》で推《お》し測《はか》ることができるものではないから」と、親鸞聖人《しんらんしょうにん》は仰《おっしゃ》いました。

キーワード

無義《むぎ》

よいことがおきれば「仏様のおかげ」、悪いことがおきれば「仏様は何もしてくれない」と考えてしまいがちだが、本当は何にも意味がない。そうした勝手な解釈をしないことを表す。

Column

親鸞の生涯③

承元の法難と流罪生活

既存の宗派から訴えられる

一二〇四年（元久元年）、法然の教えが広まるにつれ、それを問題視した比叡山の旧守派から、念仏は禁止するべきだという訴えや批判が出てくることとなった。

これを受けて、法然は弟子たちに、むやみに他宗を批判したり、他宗徒と論争したりしてはいけないと諭している。

しかし、その翌年には、奈良の興福寺の僧たちから「阿弥陀仏ばかりを重視し、ほかの教えを軽んじすぎる」という理由で、朝廷に訴訟を起こされることとなった。また、法然の弟子らが朝廷に仕える女官を勝手に出家させたことなども取り沙汰《ざた》されるようになり、その結果、一二〇七年（承元元年）、親鸞も含む法然の弟子たちが多数処罰される「承元の法難」が起きた。

承元の法難では、法然や親鸞など八人が流罪、他四人が死罪、計十二人が処罰された。親鸞三五歳の頃である。

当時の親鸞は善信という僧名だったが、それも剥奪された。僧侶にして結婚していた親鸞は、自らを愚禿《ぐとく》と呼び、より一層、専修念仏に励むことを誓った。

親鸞は北陸へ、法然は四国へと流されたが、わずか六年の時を一緒に過ごしたこの師弟は、その後、再会することはなかったという。

流刑の地には、妻の恵信尼を伴い、その後四男三女（三男三女という説もある）をもうけたとされる。

北陸へと流罪となった親鸞が上陸したとされる居多ヶ浜のゆかりの地
（写真：石原正雄／アフロ）

第四章

親鸞の弟子の嘆き

中序

親鸞の教えを正しく学ぶ

そもそもかの御在生《ございしょう》のむかし、おなじくこころざしをして、あゆみを遼遠《りょうえん》の洛陽《らくよう》にはげまし、信《しん》をひとつにして、心《こころ》を当来《とうらい》の報土《ほうど》にかけしともがらは、同時《どうじ》に御意趣《ごいしゅ》をうけたまはりしかども、そのひとびとにともなひて念仏申《ねんぶつもう》さるる老若《ろうにゃく》、そのかずをしらずおはしますなかに、上人《しょうにん》(親鸞《しんらん》)の仰《おお》せにあらざる異義《いぎ》どもを、近来《きんらい》はおほく仰《おお》せられあうて候《そうろ》ふよし、伝《つた》へうけたまはる。いはれなき条々《じょうじょう》の子細《しさい》のこと。

現代語訳

さて、かつて親鸞聖人《しんらんしょうにん》がおいでになったころ、志《こころざし》を同《おな》じくして、はるかに遠《とお》い京《きょう》の都《みやこ》まで足《あし》を運《はこ》び、同《おな》じ信心《しんじん》をもってやがて往生《おうじょう》する浄土《じょうど》に思《おも》いをよせた人々《ひとびと》は、ともに親鸞聖人《しんらんしょうにん》の御見解《ごけんかい》をお伺《うかが》いになりました。けれども、その人々《ひとびと》にしたがって念仏《ねんぶつ》しておられる方々《かたがた》が、老《お》いも若《わか》きも数《かぞ》え切《き》れないほどたくさんおいでになる中《なか》で、近《ちか》ごろは、聖人《しょうにん》が仰《おお》せになった教《おし》えとは異端邪説《いたんじゃせつ》をさまざまに言《い》い合《あ》っておられるということを、人《ひと》づてに聞《き》いています。それら正《ただ》しくない考《かんが》えの一《ひと》つひとつについて、以下《いか》に詳《くわ》しく述《の》べたいと思《おも》います。

キーワード

当来《とうらい》の報土《ほうど》

これから行くべき極楽浄土のこと。極楽浄土とは身も心も安楽になれる世界であり、それを信じることで、自分に最も相応しい場所として存在する、「報われた場所」＝「報土」。

第十一条①

信じる心と念仏を唱えること

一文不通《いちもんふつう》のともがらの念仏申《ねんぶつもう》すにあうて、「なんぢは誓願不思議《せいがんふしぎ》を信《しん》じて念《ねん》仏申《ぶつもう》すか、また名号不思議《みょうごうふしぎ》を信《しん》ずるか」といひおどろかして、ふたつの不思《ふし》議《ぎ》を子細《しさい》をも分明《ぶんみょう》にいひひらかずして、ひとのこころをまどはすこと。この条《じょう》、かへすがへすもこころをとどめて、おもひわくべきことなり。

現代語訳

文字《もじ》をまったく読《よ》むことができずに念仏《ねんぶつ》をしている人《ひと》に向《む》かって、「おまえは阿《あ》弥陀《みだ》仏《ぶつ》の誓願《せいがん》の不可思議《ふかしぎ》なはたらきを信《しん》じて念仏《ねんぶつ》しているのか、それとも、阿弥陀《あみだ》仏《ぶつ》の名号《みょうごう》の不可思議《ふかしぎ》なはたらきを信《しん》じて念仏《ねんぶつ》しているのか」といって相手《あいて》をびっくりさせ、この二《ふた》つの不可思議《ふかしぎ》について、その詳《くわ》しい内容《ないよう》をはっきりと説《と》き明《あ》かすこともなく、相手《あいて》の心《こころ》を迷《まよ》わせるということについて、このことは十分《じゅうぶん》に気《き》をつけて考《かんが》えなければなりません。

キーワード

一文不通《いちもんふつう》

文字を読むことができない、無知な人のこと。生半可に知恵を身につけた人よりも、無知な人がかえって素直に心を開き、信じれば救われると親鸞は説く。

第十一条②

誓願（信心）も念仏も一つ

誓願《せいがん》の不思議《ふしぎ》によりて、やすくたもち、となへやすき名号《みょうごう》を案《あん》じいだしたまひて、この名字《みょうじ》をとなへんものをむかへとらんと、御約束《おんやくそく》あることなれば、まづ弥陀《みだ》の大悲大願《だいひだいがん》の不思議《ふしぎ》にたすけられまゐらせて生死《しょうじ》を出《い》づべしと信《しん》じて、念仏《ねんぶつ》の申《もう》さるるも如来《にょらい》の御《おん》はからひなりとおもへば、すこしもみづからのはからひまじはらざるがゆゑに、本願《ほんがん》に相応《そうおう》して実報土《じつほうど》に往生《おうじょう》するなり。これは誓願《せいがん》の不思議《ふしぎ》をむねと信《しん》じたてまつれば、名号《みょうごう》の不思議《ふしぎ》も具足《ぐそく》して、誓願《せいがん》・名号《みょうごう》の不思議《ふしぎ》ひとつにして、さらに異《こと》なることなきなり。

現代語訳

そもそも阿弥陀仏《あみだぶつ》は、誓願《せいがん》の不可思議《ふかしぎ》なはたらきにより、たもちやすく称《とな》えやすい南無阿弥陀仏《なむあみだぶつ》の名号《みょうごう》を考《かんが》え出《だ》してくださったのです。そして、この名号《みょうごう》を称《とな》えるものを浄土《じょうど》に迎《むか》えとろうと約束《やくそく》されているのです。だから、まず一《ひと》つには、大《おお》いなる慈悲《じひ》の心《こころ》でおこされた誓願《せいがん》の不可思議《ふかしぎ》なはたらきにお救《すく》いいただいて、この迷《まよ》いの世界《せかい》を離《はな》れることができると信《しん》じ、念仏《ねんぶつ》を称《とな》えるのも阿弥陀仏《あみだぶつ》のお計《はか》らいであることを思《おも》うと、そこにはまったく自分《じぶん》の計《はか》らいがまじりません。だからこそ、そのまま本願《ほんがん》にかなって、真実《しんじつ》の浄土《じょうど》に往生《おうじょう》することができるのです。

誓願《せいがん》の不可思議《ふかしぎ》なはたらきを、ただ専一《せんいつ》に信《しん》じれば、名号《みょうごう》の不可思議《ふかしぎ》なはたらきもそこにそなわっているのであり、誓願《せいがん》と名号《みょうごう》の不可思議《ふかしぎ》なはたらきは一《ひと》つであって、決《けっ》して異《こと》なったものではないということなのです。

キーワード

相応《そうおう》

阿弥陀仏の願いと自分の心が一致すること。自分の報土（浄土）に往生したければ、それを心にイメージすればよい。それに相応しいところを、仏は用意してくれるという。

第十一条③

浄土の辺境から真実の浄土へ

つぎにみづからのはからひをさしはさみて、善悪《ぜんあく》のふたつにつきて、往生《おうじょう》のたすけ・さはり、二様《ふたよう》におもふは、誓願《せいがん》の不思議《ふしぎ》をばたのまずして、わがこころに往生《おうじょう》の業《ごう》をはげみて申《もう》すところの念仏《ねんぶつ》をも自行《じぎょう》になすなり。このひとは名号《みょうごう》の不思議《ふしぎ》をもまた信《しん》ぜざるなり。信《しん》ぜざれども、辺地懈慢《へんじけまん》・疑城胎宮《ぎじょうたいぐう》にも往生《おうじょう》して、果遂《かすい》の願《がん》のゆゑに、つひに報土《ほうど》に生《しょう》ずるは、名号不思議《みょうごうふしぎ》のちからなり。これすなはち、誓願不思議《せいがんふしぎ》のゆゑなれば、ただひとつなるべし。

現代語訳

次《つぎ》に、自分《じぶん》の勝手《かって》な計《はか》らいから、善《ぜん》と悪《あく》とについて、善《ぜん》が往生《おうじょう》の助《たす》けとなり、悪《あく》が往生《おうじょう》のさまたげとなると区別《くべつ》して考《かんが》えるのは、誓願《せいがん》の不可思議《ふかしぎ》なはたらきを信《しん》じないで、自分《じぶん》の計《はか》らいで浄土《じょうど》に往生《おうじょう》しようと努《つと》め、称《とな》える念仏《ねんぶつ》をも自分《じぶん》の力《ちから》でする行《ぎょう》とみなしてしまうことです。このような人《ひと》は、名号《みょうごう》の不可思議《ふかしぎ》なはたらきも信《しん》じていないのです。

しかし、信《しん》じてはいないけれども、念仏《ねんぶつ》すれば少《すく》なくとも浄土《じょうど》の片隅《かたすみ》、自力《じりき》で往《おう》生《じょう》をする世界《せかい》、疑惑《ぎわく》のまま浄土《じょうど》に生《う》まれる世界《せかい》、浄土《じょうど》の蓮華《れんげ》の中《なか》に包《つつ》まれない世界《せかい》などと言《い》われる中途半端《ちゅうとはんぱ》な浄土《じょうど》の辺境《へんきょう》に往生《おうじょう》し、その後《ご》、阿弥陀仏《あみだぶつ》の救《すく》いである「果遂《かすい》の願《がん》」によって、ついには真実《しんじつ》の浄土《じょうど》に生《う》まれることができるのです。これもまた名号《みょうごう》の不可思議《ふかしぎ》なはたらきなのです。

このことはそのまま誓願《せいがん》の不可思議《ふかしぎ》なはたらきによるのですから、誓願不思議《せいがんふしぎ》と名号不思議《みょうごうふしぎ》のこの二《ふた》つは、言葉《ことば》としては異《こと》なっているように見《み》えてもまったく一《ひと》つのものなのです。

キーワード

果遂《かすい》の願《がん》

いつか果たし遂げることができる最終的な願いのこと。最後には、自分の心が救われ、安心することができる。それが他力を信じ、弥陀の願いに身を任せることなのだという。

第十二条①

極楽往生に学問はいらず

経釈《きょうしゃく》をよみ学《がく》せざるともがら、往生不定《おうじょうふじょう》のよしのこと。この条《じょう》、すこぶる不足言《ふそくごん》の義《ぎ》といひつべし。

他力真実《たりきしんじつ》のむねをあかせるもろもろの正教《しょうぎょう》は、本願《ほんがん》を信《しん》じ念仏《ねんぶつ》を申《もう》さば仏《ぶつ》に成《な》る、そのほかなにの学問《がくもん》かは往生《おうじょう》の要《よう》なるべきや。まことに、このことわりに迷《まよ》へらんひとは、いかにもいかにも学問《がくもん》して、本願《ほんがん》のむねをしるべきなり。経釈《きょうしゃく》をよみ学《がく》すといへども、聖教《しょうぎょう》の本意《ほんい》をこころえざる条《じょう》、もつとも不便《ふびん》のことなり。

現代語訳

経典《きょうてん》やその注釈書《ちゅうしゃくしょ》などを読《よ》んで、学問《がくもん》をしない人々《ひとびと》は、浄土《じょうど》に往生《おうじょう》するのが難《むずか》しいという主張《しゅちょう》は、まことに道理《どうり》にかなわないことというべきでしょう。

阿弥陀仏《あみだぶつ》の誓願《せいがん》に基《もと》づく数々《かずかず》の経典《きょうてん》は、「他力《たりき》」こそ絶対《ぜったい》の真実《しんじつ》の教《おし》えであると説《と》き明《あ》かされ、本願《ほんがん》を信《しん》じて念仏《ねんぶつ》すれば、必《かなら》ず仏《ほとけ》になると教《おし》えています。だとすれば、この他《ほか》に、浄土《じょうど》に往生《おうじょう》するために、どのような学問《がくもん》が必要《ひつよう》だというのでしょうか。このことがわからないで迷《まよ》っている人《ひと》は、是非《ぜひ》とも学問《がくもん》をして、本願《ほんがん》の意図《いと》を知《し》るべきです。教典《きょうてん》や祖師方《そしがた》の書《か》かれた注釈書《ちゅうしゃくしょ》などを読《よ》んで学《まな》ぶにしても、その聖教《しょうぎょう》の本意《ほんい》がわからないのでは、どうしようもありません。

キーワード

経釈《きょうしゃく》

仏が説いた「経」と僧たちが解釈した「注釈」。こうした万巻の書物を読み、学問したとしても、往生はできない。本当の真髄は、念仏しかない。実践の中で人は救われていく。

第十二条②

易行を選ぶか、難行を選ぶか

一文不通《いちもんふつう》にして、経釈《きょうしゃく》の往《ゆ》く路《じ》もしらざらんひとの、となへやすからんための名号《みょうごう》におはしますゆゑに、易行《いぎょう》といふ。学問《がくもん》をむねとするは聖道門《しょうどうもん》なり、難行《なんぎょう》となづく。あやまつて学問《がくもん》して名聞《みょうもん》・利養《りよう》のおもひに住《じゅう》するひと、順次《じゅんじ》の往生《おうじょう》、いかがあらんずらんといふ証文《しょうもん》も候《そうろ》ふべきや。当時《とうじ》、専修念仏《せんじゅねんぶつ》のひとと聖道門《しょうどうもん》のひと、法論《ほうろん》をくはだてて、「わが宗《しゅう》こそすぐれたれ、ひとの宗《しゅう》はおとりなり」といふほどに、法敵《ほうてき》も出《い》できたり、謗法《ほうぼう》もおこる。これしかしながら、みづからわが法《ほう》を破謗《はほう》するにあらずや。

現代語訳

文字《もじ》の一《ひと》つも知《し》らず、教典《きょうてん》や注釈書《ちゅうしゃくしょ》の筋道《すじみち》もわからない人々《ひとびと》が、容易《ようい》に称《とな》えることができるようにと工夫《くふう》されたものこそ「名号《みょうごう》」なのですから、本願念仏《ほんがんねんぶつ》を「易行《いぎょう》」（実践《じっせん》しやすい行《ぎょう》）というのです。

これに対《たい》して、出家《しゅっけ》して修行《しゅぎょう》をし、学問《がくもん》を主《しゅ》とするのは聖道門《しょうどうもん》で、これは、凡夫《ぼんぶ》にはなかなか実行《じっこう》が困難《こんなん》な「難行《なんぎょう》」です。しかし、「難行《なんぎょう》」の道《みち》を選《えら》び、学問《がくもん》をしても、それによってもし名誉《めいよ》や利益《りえき》を得《え》ようという煩悩《ぼんのう》を持《も》つとすれば、この世《よ》の命《いのち》を終《お》えて浄土《じょうど》に往生《おうじょう》することができるかわかりません。

このごろは、専修念仏《せんじゅねんぶつ》の道《みち》を歩《あゆ》む人々《ひとびと》と聖道門《しょうどうもん》の人々《ひとびと》とが、お互《たが》いの教義《きょうぎ》についてことさらに議論《ぎろん》し、「わたしの信《しん》じる教《おし》えこそがすぐれていて、他《ほか》の人《ひと》が信《しん》じている教《おし》えは劣《おと》っている」などと言《い》い、仏《ほとけ》の教《おし》えに敵対《てきたい》する人《ひと》も出《で》てくるし、仏教《ぶっきょう》を謗《そし》るというようなことも起《お》こっています。このようなことはそのまま、自分《じぶん》の信《しん》じる仏《ほとけ》の教《おし》えを破《やぶ》り、互《たが》いを滅《ほろ》ぼすことになってしまうのではないでしょうか。

キーワード

易行《いぎょう》／難行《なんぎょう》

厳しい修行や難しい学問に打ち込むことで悟りを得ようとする自力的な難行と、念仏を唱えるように誰もが実践できる易しい方法で浄土へ往生しようとする他力的な易行。

第十二条③

愚かだからこそ救われる

たとひ諸門《しょもん》こぞりて、「念仏《ねんぶつ》はかひなきひとのためなり、その宗《しゅう》あさし、いやし」といふとも、さらにあらそはずして、「われらがごとく下根《げこん》の凡夫《ぼんぶ》、一文《いちもん》不通《ふつう》のものの、信《しん》ずればたすかるよし、うけたまはりて信《しん》じ候《そうら》へば、さらに上根《じょうこん》のひとのためにはいやしくとも、われらがためには最上《さいじょう》の法《ほう》にてましま す。たとひ自余《じよ》の教法《きょうぼう》すぐれたりとも、みづからがためには器量《きりょう》およばざればつとめがたし。われもひとも、生死《しょうじ》をはなれんことこそ、諸仏《しょぶつ》の御本意《ごほんい》にておはしませば、御《おん》さまたげあるべからず」とて、にくい気《げ》せずは、たれのひとかありて、あだをなすべきや。

現代語訳

専修念仏以外《せんじゅねんぶついがい》の他《ほか》のさまざまな宗派《しゅうは》の人々《ひとびと》が口《くち》をそろえて、「念仏《ねんぶつ》はとるにたりない無知《むち》な人間《にんげん》のためのものだ。その教《おし》えは浅《あさ》はかで卑《いや》しい」と言《い》ってもまったく気《き》にせず、「わたしどものような、資質《ししつ》のない愚《おろ》かなもので、一字《いちじ》の文字《もじ》の読《よ》み書《か》きもできないものが、本願《ほんがん》を信《しん》じるだけで救《すく》われるということを、お聞《き》かせいただいて信《しん》じておりますので、能力《のうりょく》のすぐれている人々《ひとびと》にはまったくつまらないものであっても、わたしどもにとってはこの上《うえ》ない教《おし》えなのです。たとえ他《ほか》の教《おし》えがすぐれていても、わたしにとっては、能力《のうりょく》が及《およ》ばないので修行《しゅぎょう》することができません。だれもがみな迷《まよ》いの世界《せかい》を離《はな》れることこそ、仏《ほとけ》がたのおこころでありますから、わたしが念仏《ねんぶつ》するのをさまたげないでください」と言《い》って、とにかく逆《さか》らう気配《けはい》を見《み》せなければ、誰《だれ》が危害《きがい》を加《くわ》えようとするでしょうか。

キーワード

下根《げこん》の凡夫《ぼんぶ》

難行に打ち込み自力で自分の道を磨く者に比べ、自分には学がなく能力も劣っているため、極楽に行けないのではないかと疑う愚かな者の意。親鸞はもっと素直になれと説く。

第十二条④

知恵のある者は遠ざける

かつは諍論《じょうろん》のところにはもろもろの煩悩《ぼんのう》おこる、智者遠離《ちしゃおんり》すべきよしの証文《しょうもん》候《そうろ》ふにこそ。故聖人《こしょうにん》（親鸞《しんらん》）の仰《おお》せには、「この法《ほう》をば信《しん》ずる衆生《しゅじょう》もあり、そしる衆生《しゅじょう》もあるべしと、仏説《ぶっと》きおかせたまひたることなれば、われはすでに信《しん》じたてまつる。またひとありてそしるにて、仏説《ぶっせつ》まことなりけりとしられ候《そうろ》ふ。しかれば往生《おうじょう》はいよいよ一定《いちじょう》とおもひたまふなり。あやまってそしるひとの候《そうら》はざらんにこそ、いかに信《しん》ずるひとはあれども、そしるひとのなきやらんともおぼえ候《そうら》ひぬべけれ。かく申《もう》せばとて、かならずひとにそしられんとにはあらず、仏《ぶっ》の、かねて信謗《しんぼう》ともにあるべきむねをしろしめして、ひとの疑《うたがい》をあらせじと、説《と》きおかせたまふことを申《もう》すなり」とこそ候《そうら》ひしか。

現代語訳

「言《い》い争《あらそ》いをすれば、そこにはさまざまな煩悩《ぼんのう》がおこるものであり、智慧《ちえ》ある人《ひと》はそのような場《ば》から遠《とお》く離《はな》れるべきである」と、法然上人《ほうねんしょうにん》は書《か》いておられます。

また、親鸞聖人《しんらんしょうにん》は、言《い》っておられます。

「この念仏《ねんぶつ》の教《おし》えを信《しん》じる人《ひと》もいれば謗《そし》る人《ひと》もいるだろうと、すでに釈尊《しゃくそん》が説《と》いていらっしゃる。わたしは、阿弥陀仏《あみだぶつ》の誓願《せいがん》を信《しん》じていますが、このように実際《じっさい》にそれを謗《そし》る人《ひと》がいるからこそ、釈尊《しゃくそん》のお言葉《ことば》はまことであったと思《おも》い、だからこそ往生《おうじょう》はますます間違《まちが》いないと思《おも》うのです。もしも念仏《ねんぶつ》の教《おし》えを謗《そし》る人《ひと》がいなかったなら、信《しん》じる人《ひと》はいるのに、どうして謗《そし》る人《ひと》はいないのだろうかと思《おも》ってしまうに違《ちが》いありません。しかし、もちろんこのように申《もう》したからといって、必《かなら》ず人《ひと》に謗《そし》られようというのではありません。釈尊《しゃくそん》は、信《しん》じる人《ひと》と謗《そし》る人《ひと》がどちらもいるはずだとあらかじめ知《し》っていたのであり、信《しん》じる人《ひと》が疑《うたが》いを持《も》たないようにとお考《かんが》えになって、すでにそれをお説《と》きになっているということを申《もう》しているのです」

キーワード

智《ち》者《しゃ》遠《おん》離《り》

「智者」とは勉強して学識を持つ者のこと。中途半端な知識を身につけた人とつながると、素直な気持ちをなくしてしまい、変な影響を受けるので、付き合うなと説いている。

第十二条⑤

学者ぶる者には気をつけよ

今《いま》の世《よ》には、学文《がくもん》してひとのそしりをやめ、ひとへに論義問答《ろんぎもんどう》むねとせんとかまへられ候《そうろ》ふにや。学問《がくもん》せば、いよいよ如来《にょらい》の御本意《ごほんい》をしり、悲願《ひがん》の広大《こうだい》のむねをも存知《ぞんじ》して、いやしからん身《み》にて往生《おうじょう》はいかがなんどあやぶまんひとにも、本願《ほんがん》には善悪《ぜんあく》・浄穢《じょうえ》なき趣《おもむき》をも説《と》ききかせられ候《そうら》はばこそ、学生《がくしょう》のかひにても候《そうら》はめ。たまたまなにごころもなく、本願《ほんがん》に相応《そうおう》して念仏《ねんぶつ》するひとをも、学文《がくもん》してこそなんどいひおどさるること、法《ほう》の魔障《ましょう》なり、仏《ぶつ》の怨敵《おんてき》なり。みづから他力《たりき》の信心《しんじん》かくるのみならず、あやまつて他《た》を迷《まよ》はさんとす。つつしんでおそるべし、先師《せんし》(親鸞《しんらん》)の御《おん》こころにそむくことを。かねてあはれむべし、弥陀《みだ》の本願《ほんがん》にあらざることを。

現代語訳

さて、最近《さいきん》は、念仏《ねんぶつ》をする人《ひと》も、学問《がくもん》をして他《ほか》の人《ひと》が誹《そし》るのをやめさせるために、議論《ぎろん》や問答《もんどう》をすることが重要《じゅうよう》だと思《おも》っているのでしょうか。

学問《がくもん》をするのであれば、ますます深《ふか》く阿弥陀仏《あみだぶつ》の本意《ほんい》を知《し》り、その誓願《せいがん》が広《ひろ》く大《おお》きなものである理由《りゆう》もわかるに違《ちが》いありません。そして自分《じぶん》のようなつまらないものは往生《おうじょう》できないのではないかと心配《しんぱい》している人《ひと》にも、本願《ほんがん》においては、善人《ぜんにん》か悪人《あくにん》か、心《こころ》が清《きよ》らかであるかないかといったわけへだてがないということを説《と》き聞《き》かせてこそ、学問《がくもん》をするものとしての値打《ねう》ちもあるでしょう。それなのに、たまたま純心《じゅんしん》に、本願《ほんがん》の教《おし》えにしたがって念仏《ねんぶつ》する人《ひと》に、「学問《がくもん》をしてこそ往生《おうじょう》することができる」などと言《い》っておどすのは、仏《ほとけ》の教《おし》えをさまたげる魔《ま》であり、仏《ほとけ》に対《たい》する敵《てき》と言《い》うしかありません。これは、自分自身《じぶんじしん》に他力《たりき》の信心《しんじん》が欠《か》けているだけでなく、誤《あやま》って他《ほか》の人《ひと》をも迷《まよ》わせる仕業《しわざ》です。わたしどもは、親鸞聖人《しんらんしょうにん》の御心《みこころ》に背《そむ》かないようにすべきですし、学者《がくしゃ》ぶることは阿弥陀仏《あみだぶつ》の本願《ほんがん》に背《そむ》くことであると、悲《かな》しく思《おも》うべきでしょう。

キーワード

魔《ま》障《しょう》

仏の教えのさまたげになるもののこと。少しでも学問をしたことがある人間は、自分が偉くなったと思い学者ぶるが、それこそ弥陀の誓願とずれ、さまたげになる行為である。

親鸞の生涯④

関東での布教活動と京都への帰還

法然の死と関東での布教

四年ほど流刑の地で過ごした親鸞は赦免となったが、その翌年、法然が八〇歳で亡くなっている。

その後、親鸞は京都には戻らず、北陸から関東へと向かい、四二歳の頃、常陸国《ひたちのくに》稲田（現在の茨城県笠間市）に住み、自らの教えを説いていた。

同地には武士や百姓など、さまざまな人々が集まり、親鸞の教えに触れ、ある種の教団を形成していたとされる。

『歎異抄』を記した唯円とも、この常陸国で出会ったと考えられる。同地では、親鸞は百姓たちに混じって田植えを行ったとも言われており、親鸞が作ったとされる田植え歌も付近には残されているという。わけへだてなく、あらゆる人間を救済するという弥陀の教えを心に抱いた、親鸞ならではのエピソードである。

突然の京都への帰還

関東では二〇年ほどの年月を過ごしたと伝わるが、六〇歳を過ぎた頃、親鸞は突然、京都へと帰還している。

六〇歳を過ぎて、親鸞は自身の著書『教行証文類』（『教行信証』）を完成させるために、京都へと戻ったのではないかと言われるが、定かではない。ただ法然の死後、浄土仏教に対する批判は年々高まっており、それらを案じたためとも言われている。

第五章

念仏だけでは罪は消えない

第十三条①

本願ぼこり

弥陀《みだ》の本願《ほんがん》不思議《ふしぎ》におはしませばとて、悪《あく》をおそれざるは、また本願《ほんがん》ぼこりとて、往生《おうじょう》かなふべからずといふこと。この条《じょう》、本願《ほんがん》を疑《うたが》ふ、善悪《ぜんあく》の宿業《しゅくごう》をこころえざるなり。

よきこころのおこるも、宿善《しゅくぜん》のもよほすゆゑなり。悪事《あくじ》のおもはれせらるるも、悪業《あくごう》のはからふゆゑなり。故聖人《こしょうにん》（親鸞《しんらん》）の仰《おお》せには、「卯毛《うもう》・羊毛《ようもう》のさきにゐるちりばかりもつくる罪《つみ》の、宿業《しゅくごう》にあらずといふことなしとしるべし」と候《そうら》ひき。

現代語訳

阿弥陀仏《あみだぶつ》の本願《ほんがん》のはたらきが不可思議《ふかしぎ》であるからといって、自分《じぶん》の犯《おか》す悪《あく》を恐《おそ》れないのは、すなわち「本願《ほんがん》ぼこり」というべきものだと主張《しゅちょう》する人々《ひとびと》がいますが、この主張《しゅちょう》こそ本願《ほんがん》を疑《うたが》うことであり、また、この世《よ》における善《ぜん》も悪《あく》もともに「宿《しゅく》業《ごう》」によるものだということを心得《こころえ》ていない人《ひと》の説《せつ》なのです。

善《よ》い心《こころ》が起《お》こるのも、また悪事《あくじ》が思《おも》われたり、それを行《おこな》ったりするのもともに「宿業《しゅくごう》」がはたらくためなのです。親鸞聖人《しんらんしょうにん》は、つねに「兎《うさぎ》の毛《け》、羊《ひつじ》の毛《け》の先《さき》についた塵《ちり》ほどの小《ちい》さな罪《つみ》であっても、宿業《しゅくごう》によらないものはないと、知《し》っておくべきだ」と仰《おお》せでした。

キーワード

本願《ほんがん》ぼこり

悪人でも救われるならばどんな悪事を働いてもいいだろうと、弥陀の誓願（本願）の上に胡座をかき開き直ってしまうこと。本願を頼りにしすぎれば、自分で地獄に堕ちていく。

第十三条②

人を千人殺せるか

またあるとき、「唯円房《ゆいえんぼう》はわがいふことをば信《しん》ずるか」と、仰《おお》せの候《そうら》ひしあひだ、「さん候《そうろ》ふ」と、申《もう》し候《そうら》ひしかば、「さらば、いはんことたがふまじきか」と、かさねて仰《おお》せの候《そうら》ひしあひだ、つつしんで領状申《りょうじょうもう》して候《そうら》ひしかば、「たとへば、ひと千人《せんにん》ころしてんや、しからば往生《おうじょう》は一定《いちじょう》すべし」と、仰《おお》せ候《そうら》ひしとき、「仰《おお》せにては候《そうら》へども、一人《いちにん》もこの身《み》の器量《きりょう》にては、ころしつべしともおぼえず候《そうろ》ふ」と、申《もう》して候《そうら》ひしかば、「さては、いかに親鸞《しんらん》がいふことをたがふまじきとはいふぞ」と。

現代語訳

また、あるとき聖人《しょうにん》は、わたしにこのように尋《たず》ねられました。

「唯円房《ゆいえんぼう》は、わたしの言《い》うことを信《しん》じるか」

そこで、「はい、信《しん》じます」と申《もう》し上《あ》げると、「それでは、わたしが言《い》うことに背《そむ》かないか」と、重《かさ》ねて仰《おお》せになったので、つつしんでお受《う》けすることを申《もう》し上《あ》げました。

すると聖人《しょうにん》は、「たとえばだが、人《ひと》を千人殺《せんにんころ》してくれないか。そうすれば往生《おうじょう》はたしかなものになるだろう」と仰《おお》せになったのです。そのとき、「わたしは、聖人《しょうにん》の仰《おお》せではありますが、わたしのようなものには一人《ひとり》として殺《ころ》すことなどできるとは思《おも》えません」と申《もう》し上《あ》げたところ、「それでは、どうしてこの親鸞《しんらん》の言《い》うことに背《そむ》かないなどと言《い》ったのか」と仰《おお》せになりました。

キーワード

唯円《ゆいえん》

河和田《かわだ》（現在の茨城県水戸市）の僧で、親鸞の弟子。のちに報仏寺を開山した。親鸞の没後二十数年が過ぎた頃に書かれた『歎異抄』の作者とされる（諸説あり）。

第十三条③

犯罪者になる／ならないも「縁」次第

「これにてしるべし。なにごともこころにまかせたることならば、往生《おうじょう》のために千人《せんにん》ころせといはんに、すなはちころすべし。しかれども、一人《いちにん》にてもかなひぬべき業縁《ごうえん》なきによりて害《がい》せざるなり。わがこころのよくてころさぬにはあらず。また害《がい》せじとおもふとも、百人《ひゃくにん》・千人《せんにん》をころすこともあるべし」と、仰《おお》せの候《そうら》ひしかば、われらがこころのよきをばよしとおもひ、悪《あ》しきことをば悪《あ》しとおもひて、願《がん》の不思議《ふしぎ》にてたすけたまふといふことをしらざることを、仰《おお》せの候《そうら》ひしなり。

現代語訳

「唯円《ゆいえん》よ、これでわかるであろう。何事《なにごと》も自分《じぶん》の意志《いし》で決《き》めることができるというのであれば、浄土《じょうど》に往生《おうじょう》するために千人《せんにん》の人《ひと》を殺《ころ》せとわたしが言《い》ったときには、すぐに殺人《さつじん》だってできるはずだ。しかし、お前《まえ》には人《ひと》を殺《ころ》すことのできる縁《えん》がないから、一人《ひとり》も殺《ころ》さないだけなのだ。自分《じぶん》の心《こころ》が善《よ》いから殺《ころ》さないわけではない。反《はん》対《たい》に、人《ひと》を殺《ころ》すつもりがなくても、百人《ひゃくにん》あるいは千人《せんにん》の人《ひと》を殺《ころ》すこともあるだろう」と仰《おお》せになったのです。

このことは、ややもすれば、わたしたちが、自分《じぶん》の心《こころ》が善《よ》いのは往生《おうじょう》のためによいことであり、自分《じぶん》の心《こころ》が悪《わる》いのは往生《おうじょう》のために悪《わる》いことであると勝手《かって》に考《かんが》え、本願《ほんがん》の不思議《ふしぎ》なはたらきによってお救《すく》いいただくということを忘《わす》れてしまっていることを指摘《してき》されるためのお話《はなし》だったのです。

キーワード

業縁《ごうえん》

自らの行いが報い＝縁となってはたらくこと。他の生き物を殺さなければ生きられない人間にとって、生きることそのものが業であり、それが連鎖したような縁を生み出してしまう。

第十三条④

縁という宿命には抗えない

そのかみ邪見《じゃけん》におちたるひとあつて、悪《あく》をつくりたるものをたすけんといふ願《がん》にてましませばとて、わざとこのみて悪《あく》をつくりて、往生《おうじょう》の業《ごう》とすべきよしをいひて、やうやうにあしざまなることのきこえ候《そうら》ひしとき、御消息《ごしょうそく》に、「薬《くすり》あればとて、毒《どく》をこのむべからず」と、あそばされて候《そうろ》ふは、かの邪執《じゃしゅう》をやめんがためなり。まつたく、悪《あく》は往生《おうじょう》のさはりたるべしとにはあらず。持《じ》戒持律《かいじりつ》にてのみ本願《ほんがん》を信《しん》ずべくは、われらいかでか生死《しょうじ》をはなるべきやと。かかるあさましき身《み》も、本願《ほんがん》にあひたてまつりてこそ、げにほこられ候《そうら》へ。さればとて、身《み》にそなへざらん悪業《あくごう》は、よもつくられ候《そうら》はじものを。

現代語訳

親鸞聖人《しんらんしょうにん》がご存命《ぞんめい》のときにも、こんなふうに誤《あやま》った考《かんが》えをした人《ひと》がありました。「阿弥陀仏《あみだぶつ》の誓願《せいがん》は、悪《あく》をなした人《ひと》を助《たす》けるためのものなのだから」と言《い》って、好《この》んで悪事《あくじ》をなし、往生《おうじょう》を確実《かくじつ》にしようとしたのです。当然《とうぜん》のことですが、この人《ひと》の行為《こうい》をめぐってさまざまな悪評《あくひょう》が立《た》ち、この人《ひと》のことが親鸞聖人《しんらんしょうにん》の耳《みみ》にも入《はい》りました。そこで、親鸞聖人《しんらんしょうにん》はこの人《ひと》に手紙《てがみ》を書いて、「いくら薬《くすり》があるからといって、好《す》きこのんで毒《どく》を飲《の》むものではない」と諭《さと》し、誤《あやま》った理解《りかい》への執着《しゅうちゃく》を止《や》めさせようとなさったのです。わたしたちが作《つく》る悪《あく》が往生《おうじょう》の障害《しょうがい》になる、ということではありません。「戒律《かいりつ》を守《まも》って、悪《あく》を封《ふう》じ、善行《ぜんこう》を行《おこな》う人《ひと》だけが本願《ほんがん》を信《しん》じることができるというのなら、わたしたちがどうして迷《まよ》いの世界《せかい》を離《はな》れることなどできるだろうか」と、聖人《しょうにん》は仰《おお》せになっています。戒律《かいりつ》を守《まも》ることなど思《おも》いもよらない煩悩《ぼんのう》に苛《さいな》まれるわたしですが、阿弥陀仏《あみだぶつ》の本願《ほんがん》に出会《であ》わせていただいてこそ、本当《ほんとう》に誇《ほこ》らしい気《き》持《も》ちも自然《しぜん》に湧《わ》いて出《で》てきます。しかし、だからといって、自分《じぶん》に縁《えん》のない悪業《あくごう》をなすこともできないのです。

キーワード

邪見《じゃけん》

邪《よこしま》な考えであり、仏の道理を否定するような誤った考え方を指す。親鸞は悪い考えを持った人も、善い考えを持った人も、すべてひっくるめて、安楽した世界へ行けると説く。

第十三条⑤

業と縁

また、「海《うみ》・河《かわ》に網《あみ》をひき、釣《つり》をして、世《よ》をわたるものも、野山《のやま》にししをかり、鳥《とり》をとりて、いのちをつぐともがらも、商《あきな》ひをし、田畠《でんばく》をつくりて過《す》ぐるひとも、ただおなじことなり」と。「さるべき業縁《ごうえん》のもよほさば、いかなるふるまひもすべし」とこそ、聖人《しょうにん》（親鸞《しんらん》）は仰《おお》せ候《そうら》ひしに、当時《とうじ》は後世者《ごせしゃ》ぶりして、よからんものばかり念仏申《ねんぶつもう》すべきやうに、あるいは道場《どうじょう》にはりぶみをして、なんなんのことしたらんものをば、道場《どうじょう》へ入《い》るべからずなんどといふこと、ひとへに賢善精進《けんぜんしょうじん》の相《そう》を外《ほか》にしめして、内《うち》には虚仮《こけ》をいだけるものか。

現代語訳

親鸞聖人《しんらんしょうにん》は、このように教《おし》えて下《くだ》さいました。

「海《うみ》や川《かわ》で網《あみ》を引《ひ》き、釣《つ》りをして暮《く》らしを立《た》てる人《ひと》も、野《の》や山《やま》で獣《けもの》を狩《か》り、鳥《とり》を捕《と》らえて生活《せいかつ》する人《ひと》も、商売《しょうばい》をし、田畑《たはた》を耕《たがや》して日々《ひび》を送《おく》る人《ひと》も、すべての人《ひと》はみな同《おな》じこと。どのような暮《く》らしが往生《おうじょう》に相応《ふさわ》しいということはない。人《ひと》はだれでも、阿弥陀仏《あみだぶつ》の本願《ほんがん》の不思議《ふしぎ》によって、助《たす》けられるという点《てん》では変《か》わるところがない。しかるべき業《ごう》と縁《えん》がはたらけば、思《おも》いがけない振《ふ》る舞《ま》いをするのが人《ひと》というものである」と。

ところが、近ごろは、来世《らいせ》の往生《おうじょう》を願《ねが》うもののように殊勝《しゅしょう》に振《ふ》る舞《ま》って、善人《ぜんにん》だけが念仏《ねんぶつ》することができるかのように思《おも》い、あるときは念仏《ねんぶつ》の道場《どうじょう》に、これこれのことをしたものは道場《どうじょう》に入《はい》るべからずと禁制《きんせい》の張《は》り紙《がみ》をする始末《しまつ》です。それこそ、外《そと》にはただ賢《かしこ》そうに善《よ》い行《おこな》いに励《はげ》む姿《すがた》を見《み》せ、内《うち》には嘘《うそ》いつわりの心《こころ》をいだいていることなのではないでしょうか。

キーワード

道場《どうじょう》

念仏者のための小さな集会場のこと。偉い僧侶がいなくても、みんなで集まり、「こんな悪いことをしてしまったが、どう思う?」と相互に語り合える場所としてあった。

第十三条⑥

阿弥陀仏の本願に身をゆだねる

願《がん》にほこりてつくらん罪《つみ》も、宿業《しゅくごう》のもよほすゆゑなり。されば善《よ》きことも悪《あ》しきことも業報《ごうほう》にさしまかせて、ひとへに本願《ほんがん》をたのみまゐらすればこそ、他力《たりき》にては候《そうら》へ。『唯信抄《ゆいしんしょう》』にも、「弥陀《みだ》、いかばかりのちからましますとしりてか、罪業《ざいごう》の身《み》なれば、すくはれがたしとおもふべき」と候《そうろ》ふぞかし。本願《ほんがん》にほこるこころのあらんにつけてこそ、他力《たりき》をたのむ信心《しんじん》も決定《けつじょう》しぬべきことにて候《そうら》へ。

現代語訳

阿弥陀仏《あみだぶつ》の本願《ほんがん》をほこり、それに甘《あま》えてつくる罪《つみ》も、過去《かこ》の世《よ》の行《おこな》いが縁《えん》となってはたらくことによるのです。だから、善《よ》い行《おこな》いも悪《わる》い行《おこな》いもすべて過去《かこ》の世《よ》からの縁《えん》にまかせ、ただ本願《ほんがん》のはたらきに身《み》をゆだねるからこそ、他力《たりき》なのであります。（親鸞聖人《しんらんしょうにん》が一番頼《いちばんたよ》りとされた、法然上人《ほうねんしょうにん》のお弟子《でし》である聖覚法印《しょうかくほういん》が書《か》かれた）『唯信鈔《ゆいしんしょう》』にも、「罪業《ざいごう》の深《ふか》い身《み》だから、自分《じぶん》は救《すく》われるのは難《むずか》しいと思《おも》う人《ひと》は、阿弥陀仏《あみだぶつ》の力《ちから》がいかほどに広大《こうだい》なものかを知《し》って言《い》っているのだろうか」と、記《しる》されています。阿弥陀仏《あみだぶつ》の本願《ほんがん》をほこる心《こころ》があるからこそ、他力《たりき》に身《み》をゆだねる自分《じぶん》の信心《しんじん》も、確実《かくじつ》に定《さだ》まるのではないでしょうか。

キーワード

唯信鈔《ゆいしんしょう》

天台宗の僧だったが、のちに法然の弟子となった聖覚が書いた書物のこと。親鸞が法然に直接会うきっかけをつくってくれた人物で、親鸞もまた非常に尊敬したという。

第十三条⑦

信じることと／疑うことを超えて

おほよそ、悪業煩悩《あくごうぼんのう》を断《だん》じ尽《つく》してのち、本願《ほんがん》を信《しん》ぜんのみぞ、願《がん》にほこるおもひもなくてよかるべきに、煩悩《ぼんのう》を断《だん》じなば、すなはち仏《ぶつ》に成《な》り、仏《ぶつ》のためには、五劫思惟《ごこうしゆい》の願《がん》、その詮《せん》なくやましまさん。本願《ほんがん》ぼこりといましめらるるひとびとも、煩悩《ぼんのう》・不浄具足《ふじょうぐそく》せられてこそ候《そうろ》ふげなれ。それは願《がん》にほこらるるにあらずや。いかなる悪《あく》を本願《ほんがん》ぼこりといふ、いかなる悪《あく》かほこらぬにて候《そうろ》ふべきぞや。かへりて、こころをさなきことか。

現代語訳

自分《じぶん》の罪悪《ざいあく》や煩悩《ぼんのう》を滅《めっ》し尽《つく》した後《あと》に本願《ほんがん》を信《しん》じるというのであれば、本願《ほんがん》をほこる思《おも》いもなくてよいでしょう。しかし、煩悩《ぼんのう》を滅《めっ》したならそのまま仏《ほとけ》になるのであり、すでに仏《ほとけ》になったものには、五劫《ごこう》という気《き》の遠《とお》くなるような長《なが》い間《あいだ》の思《おも》いをめぐらしてたてられた阿弥陀仏《あみだぶつ》の本願《ほんがん》も、もはや無意味《むいみ》なことになってしまいます。「阿弥陀仏《あみだぶつ》の本願《ほんがん》に甘《あま》えている」といましめる方々《かたがた》も、みな煩悩《ぼんのう》を身《み》にそなえ、本《ほん》当《とう》の清《きよ》らかさに満《み》ちた人《ひと》たちではありません。そのような発言《はつげん》さえも、本願《ほんがん》に甘《あま》え、誇《ほこ》る気持《きも》ちがあってのことではないでしょうか。どのような悪《あく》を本願《ほんがん》ぼこりであるといい、どのような悪《あく》を本願《ほんがん》ぼこりではないというのでしょうか。本願《ほんがん》ぼこりはよくないという人《ひと》たちは、かえって幼稚《ようち》な心《こころ》の人《ひと》たちだということになるのではないでしょうか。

キーワード

五劫思惟《ごこうしゆい》

五劫とは非常に長い時間を指す。阿弥陀仏となる以前の法蔵が長きにわたって、思い巡らした本願であり、法蔵から親鸞へと至るまで、綿々と続いていく願いのこと。

第十四条①

罪は決して消えない

一念《いちねん》に八十億劫《はちじゅうおくこう》の重罪《じゅうざい》を滅《めっ》すと信《しん》ずべしといふこと。この条《じょう》は、十悪《じゅうあく》・五《ご》逆《ぎゃく》の罪人《ざいにん》、日《ひ》ごろ念仏《ねんぶつ》を申《もう》さずして、命終《みょうじゅう》のとき、はじめて善知識《ぜんぢしき》のをしへにて、一念申《いちねんもう》せば八十億劫《はちじゅうおくこう》の罪《つみ》を滅《めっ》し、十念申《じゅうねんもう》せば、十《と》八十億劫《はちじゅうおくこう》の重罪《じゅうざい》を滅《めっ》して往生《おうじょう》すといへり。これは十悪《じゅうあく》・五逆《ごぎゃく》の軽重《きょうじゅう》をしらせんがために、一念《いちねん》・十念《じゅうねん》といへるか、滅罪《めつざい》の利益《りやく》なり。いまだわれらが信《しん》ずるところにおよばず。

現代語訳

念仏《ねんぶつ》を一回唱《いっかいとな》えることで、未来永劫苦《みらいえいごうく》しみ続《つづ》けるほどの重《おも》い罪《つみ》を消滅《しょうめつ》させることができると信《しん》じるべきだという考《かんが》えがあります。

これは、（殺生《せっしょう》や偸盗《ちゅうとう》、邪淫《じゃいん》などの）「十悪《じゅうあく》」、そして（父母《ちちはは》や仏《ほとけ》を傷《きず》つけるなどの）「五逆《ごぎゃく》」などの重《おも》い罪《つみ》を犯《おか》し、日《ひ》ごろは念仏《ねんぶつ》したことがない人《ひと》であっても、まさに命《いのち》を終《お》えようとするときに、はじめて先達《せんだつ》に出会《であ》い、一回《いっかい》だけでも念仏《ねんぶつ》すれば、八十億劫《はちじゅうおくこう》もの間苦《あいだくる》しみ続《つづ》けるほどの重《おも》い罪《つみ》が消《き》え、十回念仏《じっかいねんぶつ》すればその十倍《じゅうばい》もの重《おも》い罪《つみ》が消《き》え去《さ》って、浄土《じょうど》に往生《おうじょう》することができると言《い》っているのです。これは、十《じゅう》悪《あく》や五逆《ごぎゃく》の罪《つみ》がどれほど重《おも》いものであるかを知《し》らせるために、一回《いっかい》の念仏《ねんぶつ》や十回《じっかい》の念仏《ねんぶつ》と言《い》っていると思《おも》われますが、要《よう》するに念仏《ねんぶつ》することによって罪《つみ》を消《け》し去《さ》る利《り》益《えき》が得《え》られるというのです。しかしそれは、わたしどもが信《しん》じる念仏《ねんぶつ》にはまったく及《およ》びません。

キーワード

十悪《じゅうあく》・五逆《ごぎゃく》

殺生や偸盗（盗み）、邪淫（妻・夫でないものと姦淫すること）、貪欲などからなるのが「十悪」。父母を殺したり、阿羅漢（高僧）を殺したりするのが「五逆」。

第十四条②

感謝すること

そのゆゑは、弥陀《みだ》の光明《こうみょう》に照《て》らされまゐらするゆゑに、一念発起《いちねんぽっき》するとき金剛《こんごう》の信心《しんじん》をたまはりぬれば、すでに定聚《じょうじゅ》の位《くらい》にをさめしめたまひて、命終《みょうじゅう》すれば、もろもろの煩悩悪障《ぼんのうあくしょう》を転《てん》じて、無生忍《むしょうにん》をさとらしめたまふなり。この悲願《ひがん》ましまさずは、かかるあさましき罪人《ざいにん》、いかでか生死《しょうじ》を解脱《げだつ》すべきとおもひて、一生《いっしょう》のあひだ申《もう》すところの念仏《ねんぶつ》は、みなことごとく如来大悲《にょらいだいひ》の恩《おん》を報《ほう》じ、徳《とく》を謝《しゃ》すとおもふべきなり。

現代語訳

なぜかと言《い》えば、わたしどもは阿弥陀仏《あみだぶつ》の光明《こうみょう》に照《て》らされて、本願《ほんがん》を信《しん》じる心《こころ》がはじめておこるときに、固《かた》い信心《しんじん》をいただくのですから、そのときすでに阿弥陀仏《あみだぶつ》はこの身《み》を、必《かなら》ず悟《さと》りに至《いた》ることができる「定聚《じょうじゅ》」の位《くらい》につかせてくださるのであり、この世《よ》の命《いのち》を終《お》えれば、さまざまな煩悩《ぼんのう》や罪悪《ざいあく》を転《てん》じて真実《しんじつ》の悟《さと》りを開《ひら》かせてくださるのです。もし、この大《おお》いなる慈悲《じひ》の心《こころ》からおこしてくださった本願《ほんがん》がなかったなら、わたしどものような浅《あさ》ましい罪深《つみぶか》いものがどうして迷《まよ》いの世界《せかい》を離《はな》れることができるだろうかと考《かんが》えて、一生《いっしょう》のうちに称《とな》える念仏《ねんぶつ》は、すべてみな如来《にょらい》の大《おお》いなる慈悲《じひ》の心《こころ》に対《たい》し、そのご恩《おん》に報《むく》いる行為《こうい》であり、阿弥陀仏《あみだぶつ》の恵《めぐ》みに感謝《かんしゃ》するものであると思《おも》わねばなりません。

キーワード

定聚《じょうじゅ》の位《くらい》

悟りを開くことが決まった人の位を意味する。どんなかたちにしろ、必ず浄土へと往生することを仏に約束され、定まっている人々のことを指している。

第十四条③

人は罪を背負って生きていく

念仏申《ねんぶつもう》さんごとに、罪《つみ》をほろぼさんと信《しん》ぜんは、すでにわれと罪《つみ》を消《け》して、往生《おうじょう》せんとはげむにてこそ候《そうろ》ふなれ。もししからば、一生《いっしょう》のあひだおもひとおもふこと、みな生死《しょうじ》のきづなにあらざることなければ、いのち尽《つ》きんまで念仏退転《ねんぶつたいてん》せずして往生《おうじょう》すべし。ただし業報《ごうほう》かぎりあることなれば、いかなる不思議《ふしぎ》のことにもあひ、また病悩苦痛《びょうのうくつう》せめて、正念《しょうねん》に住《じゅう》せずしてをはらん、念仏申《ねんぶつもう》すことかたし。そのあひだの罪《つみ》をば、いかがして滅《めっ》すべきや。罪消《つみき》えざれば、往生《おうじょう》はかなふべからざるか。

現代語訳

念仏《ねんぶつ》するたびに自分《じぶん》の罪《つみ》が消《き》え去《さ》ると信《しん》じるのは、それこそ自分《じぶん》の力《ちから》で罪《つみ》を消《け》し去《さ》って浄土《じょうど》に往生《おうじょう》しようと努《つと》めようとすることではありませんか。もしそうだとすれば、一生《いっしょう》の間《あいだ》に心《こころ》に思《おも》うことは、すべてみな自分《じぶん》を迷《まよ》いの世界《せかい》につなぎとめるものでしかないのですから、命《いのち》の尽《つ》きるまでおこたることなく念仏《ねんぶつ》し続《つづ》けて、はじめて浄土《じょうど》に往生《おうじょう》できることになります。

しかし、過去《かこ》の世《よ》の行《おこな》いの縁《えん》により、人《ひと》は、現世《げんせ》では思《おも》い通《どお》りに生《い》きられるものではないのですから、どのような思《おも》いがけないことに遭遇《そうぐう》するかもしれません。また病気《びょうき》に悩《なや》まされ苦痛《くつう》に責《せ》められて、心安《こころやす》らかになれないまま命《いのち》を終《お》えることもあるでしょう。そうなると、念仏《ねんぶつ》を唱《とな》えることも難《むずか》しいかもしれません。さて、その間《あいだ》につくる罪《つみ》はどのようにして消《け》し去《さ》ることができるのでしょうか。念仏《ねんぶつ》によって罪《つみ》を消滅《しょうめつ》することができないのなら、その人《ひと》は、浄土《じょうど》に往生《おうじょう》することはできないというのでしょうか。

キーワード

正念《しょうねん》

「正」という字は、「一」に「止」と書く。「止」は元来、人の足の形で、これ以上は行けないことを表す。これ以上は行けないというところまで一心に念じること。

第十四条④

自力の信心と他力の信心

摂取不捨《せっしゅふしゃ》の願《がん》をたのみたてまつらば、いかなる不思議《ふしぎ》ありて、罪業《ざいごう》ををかし、念仏申《ねんぶつもう》さずしてをはるとも、すみやかに往生《おうじょう》をとぐべし。また念仏《ねんぶつ》の申《もう》されんも、ただいまさとりをひらかんずる期《ご》のちかづくにしたがひても、いよいよ弥陀《みだ》をたのみ、御恩《ごおん》を報《ほう》じたてまつるにてこそ候《そうら》はめ。罪《つみ》を滅《めっ》せんとおもはんは、自力《じりき》のこころにして、臨終正念《りんじゅうしょうねん》といのるひとの本意《ほんい》なれば、他力《たりき》の信心《しんじん》なきにて候《そうろ》ふなり。

現代語訳

すべての衆生《しゅじょう》を光明《こうみょう》の中《なか》に摂《おさ》め取《と》って決《けっ》して捨《す》てないという阿弥陀仏《あみだぶつ》の本願《ほんがん》を信《しん》じておまかせすれば、どのような思《おも》いがけないことがあって、罪深《つみぶか》い行《おこな》いをし、念仏《ねんぶつ》することなく命《いのち》が終《お》わろうとも、速《すみ》やかに浄土《じょうど》に往生《おうじょう》することができるのです。また命《いのち》が終《お》わろうとするときに念仏《ねんぶつ》することができるとしても、それは悟《さと》りを開《ひら》くまさにそのときが近《ちか》づくにつれて、いよいよ阿弥陀仏《あみだぶつ》にすべてをおまかせし、そのご恩《おん》に報《むく》いる念仏《ねんぶつ》なのでありましょう。

念仏《ねんぶつ》によって罪《つみ》を消《け》し去《さ》ろうと思《おも》うのは、「自力《じりき》」にとらわれた心《こころ》です。そうした心《こころ》の持《も》ち主《ぬし》は、臨終《りんじゅう》に際《さい》し、阿弥陀仏《あみだぶつ》を念《ねん》じて心《こころ》が乱《みだ》れることなく往生《おうじょう》しようと願《ねが》う「自力《じりき》」の決意《けつい》なのであって、それは「他力《たりき》」の信心《しんじん》とは言《い》えないのです。

キーワード

摂取不捨《せっしゅふしゃ》

すべての人をすくい取って捨てない弥陀の慈悲を表す。正念まで突き詰めた人にはその慈悲の心がわかり、金剛（ダイヤモンド）のように固い信心が定まってくる。

親鸞の生涯⑤

善鸞との絶縁事件

関東の弟子たちとのつながり

帰洛した親鸞の晩年は、非常に困窮した生活だったとも言われるが、一心不乱に著述活動に打ち込んでいたと考えられる。

親鸞が京都へと帰ったのち、関東では親鸞の教えを受けた弟子たちが中心となって、いくつかの門徒のグループが形成されている。しかし、師のいないグループでは、その教えの解釈をめぐって、さまざまな対立が起こることもあったようで、しばしば親鸞に手紙を書き、それに親鸞が答えるということもあったという。

『歎異抄』にも、関東で教えを受けた人々が、信仰上の疑問を伺いに、はるばる旅をして京都にいる親鸞を訪ねたというエピソードが記されている。

息子・善鸞との絶縁

親鸞は、たびたびの関東の弟子たちからの問いかけに対し、異義（誤った解釈の教え）が広まることを懸念して、自らの名代として息子の善鸞を関東へと派遣した。ところが、善鸞は「秘事の儀式をすれば救われる」など、親鸞の教えとは異なる説を説いてまわり、自らを中心とした独自の教団を作ろうとしてしまったのである。それを知った親鸞は、浄土の教えを歪《ゆが》めてしまった息子に対し、親子の縁を切ったのであった。八〇歳を過ぎた親鸞にとって、非常に悲しく苦しい出来事であった。

第六章

この世で悟ることは不可能!?

第十五条①

易行の道は善人も悪人もない

煩悩具足《ぼんのうぐそく》の身《み》をもつて、すでにさとりをひらくといふこと。この条《じょう》、もつてのほかのことに候《そうろ》ふ。

即身成仏《そくしんじょうぶつ》は真言秘教《しんごんひきょう》の本意《ほんい》、三密行業《さんみつぎょうごう》の証果《しょうか》なり。六根清浄《ろっこんしょうじょう》はまた法華一《ほっけいち》乗《じょう》の所説《しょせつ》、四安楽《しあんらく》の行《ぎょう》の感徳《かんとく》なり。これみな難行上根《なんぎょうじょうこん》のつとめ、観念成就《かんねんじょうじゅ》のさとりなり。来生《らいしょう》の開覚《かいかく》は他力浄土《たりきじょうど》の宗旨《しゅうし》、信心決定《しんじんけつじょう》の通故《つうこ》なり。これまた易行下根《いぎょうげこん》のつとめ、不簡善悪《ふけんぜんあく》の法《ほう》なり。

現代語訳

あらゆる煩悩《ぼんのう》をそなえた身《み》のまま、浄土《じょうど》に生《う》まれぬ先《さき》に、この世《よ》で悟《さと》りを開《ひら》くということができると主張《しゅちょう》する人《ひと》たちがいますが、とんでもないことです。

この身《み》のままこの世《よ》で仏《ほとけ》になる「即身成仏《そくしんじょうぶつ》」は、密教《みっきょう》の根本《こんぽん》の教《おし》えであり、三《さん》密《みつ》の行《ぎょう》を修《おさ》めて得《え》られる悟《さと》りです。また人間《にんげん》の目《め》、耳《みみ》、鼻《はな》、口《くち》など身心《しんしん》のすべての器官《きかん》を清浄《せいじょう》にするというのは、法華経《ほけきょう》の教《おし》えであり、善行《ぜんぎょう》と慈悲行《じひぎょう》によって得《え》られる成果《せいか》です。どちらにしても難行《なんぎょう》であり、資質《ししつ》が優《すぐ》れた人《ひと》だけが実践《じっせん》することができ、また仏教《ぶっきょう》の真理《しんり》を観想《かんそう》することによってのみ得《え》られる悟《さと》りの境地《きょうち》です。他力《たりき》本願《ほんがん》の、専修念仏《せんじゅねんぶつ》の教《おし》えは、こうしたものではありません。他力《たりき》の浄土門《じょうどもん》では、死《し》後《ご》、悟《さと》りを開《ひら》くと教《おし》えます。これは、信心《しんじん》が定《さだ》まったときに間違《まちが》いなく与《あた》えられる本願《ほんがん》のはたらきなのです。また、これは、能力《のうりょく》の劣《おと》った人《ひと》に開《ひら》かれた易行《いぎょう》の道《みち》であり、善人《ぜんにん》も悪人《あくにん》もわけへだてなく救《すく》われていく教《おし》えです。

キーワード

三密《さんみつ》

身・口・意のはたらきを意味する。真言密教では、行者が身に印契を結んで、口に真言を唱え、意に仏を念ずることで、悟りを得ようとする。難行であり、聖道門。

第十五条②

この世では悟ることはできない

おほよそ今生《こんじょう》においては、煩悩悪障《ぼんのうあくしょう》を断《だん》ぜんこと、きはめてありがたきあひだ、真言《しんごん》・法華《ほっけ》を行《ぎょう》ずる浄侶《じょうりょ》、なほもつて順次生《じゅんじしょう》のさとりをいのる。いかにいはんや、戒行《かいぎょう》・慧解《えげ》ともになしといへども、弥陀《みだ》の願船《がんせん》に乗《じょう》じて、生死《しょうじ》の苦海《くかい》をわたり、報土《ほうど》の岸《きし》につきぬるものならば、煩悩《ぼんのう》の黒雲《こくうん》はやく晴《は》れ、法性《ほっしょう》の覚月《かくげつ》すみやかにあらはれて、尽十方《じんじっぽう》の無碍《むげ》の光明《こうみょう》に一味《いちみ》にして、一切《いっさい》の衆生《しゅじょう》を利益《りやく》せんときにこそ、さとりにては候《そうら》へ。この身《み》をもつてさとりをひらくと候《そうろ》ふなるひとは、釈尊《しゃくそん》のごとく種々《しゅじゅ》の応化《おうげ》の身《み》をも現《げん》じ、三十二相《さんじゅうにそう》・八十随形好《はちじゅうずいぎょうこう》をも具足《ぐそく》して、説法利益候《せっぽうりやくそうろ》ふにや。これをこそ、今生《こんじょう》にさとりをひらく本《ほん》とは申《もう》し候《そうら》へ。

現代語訳

この世《よ》で煩悩《ぼんのう》を断《た》ち、罪悪《ざいあく》を滅《めっ》することなど、とてもできることではありません。真言密教《しんごんみっきょう》や法華一乗《ほっけいちじょう》の行《ぎょう》を修《おさ》める徳《とく》の高《たか》い僧《そう》であっても、やはり次《つぎ》の世《よ》で悟《さと》りを開《ひら》くことを祈《いの》るのです。まして、戒律《かいりつ》を守《まも》って行《ぎょう》を修《おさ》めることもなく、教《おし》えを理解《りかい》する力《ちから》もないわたしども凡夫《ぼんぶ》が、この世《よ》で悟《さと》りを開《ひら》くことなどできるはずもありません。しかし、そのようなわたしどもであっても、阿弥陀仏《あみだぶつ》の御誓願《ごせいがん》という船《ふね》に乗《の》って、苦《くる》しみに満《み》ちた迷《まよ》いの海《うみ》を渡《わた》り、浄土《じょうど》の岸《きし》に至《いた》りついたなら、煩悩《ぼんのう》の雲《くも》がたちまちに晴《は》れ、悟《さと》りの月《つき》が速《すみ》やかに現《あらわ》れて、何《なに》ものにもさまたげられることなくあらゆる世界《せかい》を照《て》らす阿弥陀仏《あみだぶつ》の光明《こうみょう》と一《ひと》つになり、すべての人々《ひとびと》を救《すく》うことができるのです。そのときこそ、はじめて悟《さと》りを開《ひら》いたと言《い》うのです。この世《よ》で悟《さと》ったという人《ひと》がいれば、釈尊《しゃくそん》のように、迷《まよ》える人々《ひとびと》を救《すく》うためにさまざまな姿《すがた》となって現《あらわ》れ、「三十二相《さんじゅうにそう》」や「八十随形好《はちじゅうずいぎょうこう》」といった特別《とくべつ》の身体的特徴《しんたいてきとくちょう》を十分《じゅうぶん》に具《そな》え、教《おし》えを説《と》きながら人々《ひとびと》を救《すく》うのでしょうか。このようなことができてこそ、この世《よ》で悟《さと》りを開《ひら》いたと言《い》えるのです。

キーワード

法性《ほっしょう》の覚月《かくげつ》

悟りを月にたとえた表現。『歎異抄』では、弥陀の本願を舟にたとえ、煩悩に塗《まみ》れた苦しみと迷いの世界を海にたとえている。しばしば、仏の教えは「方便」によって語られる。

第十五条③

阿弥陀仏に身をゆだねる

『和讃《わさん》』にいはく、「金剛堅固《こんごうけんご》の信心《しんじん》の　さだまるときをまちえてぞ　弥陀《みだ》の心《しん》光摂護《こうしょうご》して　ながく生死《しょうじ》をへだてける」と候《そうろ》ふは、信心《しんじん》の定《さだ》まるときに、ひとたび摂取《せっしゅ》して捨《す》てたまはざれば、六道《ろくどう》に輪廻《りんね》すべからず。しかれば、ながく生死《しょうじ》をばへだて候《そうろ》ふぞかし。かくのごとくしるを、さとるとはいひまぎらかすべきや。あはれに候《そうろ》ふをや。「浄土真宗《じょうどしんしゅう》には、今生《こんじょう》に本願《ほんがん》を信《しん》じて、かの土《ど》にしてさとりをばひらくとならひ候《そうろ》ふぞ」とこそ、故聖人《こしょうにん》（親鸞《しんらん》）の仰《おお》せには候《そうら》ひしか。

現代語訳

親鸞聖人《しんらんしょうにん》の和讃《わさん》にこのように記されています。

「決《けっ》して壊《こわ》れることのない信心《しんじん》が定《さだ》まるまさにそのとき、阿弥陀仏《あみだぶつ》の慈悲《じひ》の光明《こうみょう》に摂《おさ》め取《と》られ、つねに護《まも》られて、もはや迷《まよ》いの世界《せかい》に戻《もど》ることがない」

わたしたちの信心《しんじん》が定《さだ》まるそのときに、阿弥陀仏《あみだぶつ》は、わたしどもをお迎《むか》え下《くだ》さり、お捨《す》てになることがないのですから、もはやこの後《あと》、六道《ろくどう》を輪廻《りんね》する迷《まよ》いの世《せ》界《かい》に生《う》まれ変《か》わり、死《し》に変《か》わりするはずがありません。このように、阿弥陀仏《あみだぶつ》の誓《せい》願《がん》に自《みずか》らを委《ゆだ》ねることを「悟《さと》り」と混同《こんどう》してよいものでしょうか。悲《かな》しいことです。

「浄土真宗《じょうどしんしゅう》の真実《しんじつ》の教《おし》えでは、この世《よ》において阿弥陀仏《あみだぶつ》の本願《ほんがん》を信《しん》じ、浄土《じょうど》に往生《おうじょう》してのち、悟《さと》りを開《ひら》くと法然上人《ほうねんしょうにん》から教《おし》えられてきました」と、今《いま》は亡《な》き親鸞聖人《しんらんしょうにん》も仰《おっしゃ》っています。

キーワード

和讃《わさん》

仏教の経典は難しい漢文で書かれていたため、親鸞はそうした教えを七五調の和語の歌にして、わかりやすく説いた。親鸞の時代は、日本語そのものも変わる激動の時代だった。

第十六条①

心を改めることの是非

信心《しんじん》の行者《ぎょうじゃ》、自然《じねん》にはらをもたて、あしざまなることをもをかし、同朋同侶《どうぼうどうりょ》にもあひて口論《こうろん》をもしては、かならず回心《えしん》すべしといふこと。この条《じょう》、断悪修善《だんあくしゅぜん》のここちか。

一向専修《いっこうせんじゅ》のひとにおいては、回心《えしん》といふこと、ただひとたびあるべし。その回心《えしん》は、日《ひ》ごろ本願他力真宗《ほんがんたりきしんしゅう》をしらざるひと、弥陀《みだ》の智慧《ちえ》をたまはりて、日《ひ》ごろのこころにては往生《おうじょう》かなふべからずとおもひて、もとのこころをひきかへて、本願《ほんがん》をたのみまゐらするをこそ、回心《えしん》とは申《もう》し候《そうら》へ。

現代語訳

「阿弥陀仏《あみだぶつ》の本願《ほんがん》を信《しん》じて念仏《ねんぶつ》する人《ひと》は、腹《はら》を立《た》てたり、よくないことをしたり、同《おな》じ念仏《ねんぶつ》の仲間《なかま》と口論《こうろん》したりしたなら、必《かなら》ずそのたびに心《こころ》をあらためなければならない」と言《い》う人《ひと》がいます。これは、悪《あく》を断《た》ち切《き》り、善《ぜん》を修《おさ》めて浄土《じょうど》に往生《おうじょう》しようという考《かんが》えなのでしょうか。

専修念仏《せんじゅねんぶつ》で、阿弥陀仏《あみだぶつ》の本願《ほんがん》を信《しん》じてひとすじに念仏《ねんぶつ》する人《ひと》にとって、心《こころ》をあらためるということは、ただ一度《いちど》きりのことです。それは、つねひごろ本願他力《ほんがんたりき》の真《しん》実《じつ》の教《おし》えを知《し》らないで過《す》ごしている人《ひと》が、阿弥陀仏《あみだぶつ》の智慧《ちえ》をもらい、これまでのような心《こころ》では浄土《じょうど》に往生《おうじょう》することはできないと思《おも》い、自力《じりき》の心《こころ》を捨《す》てて本願《ほんがん》をたのむように覚悟《かくご》を決めることを言《い》うのです。

キーワード

智《ち》慧《え》

浄土へと至る道の一つである「智慧」は、物事を正しく捉えて、真理を見極める叡智《えいち》であり、弥陀の智慧は、人間の迷いや疑いも及ばぬもっと大きなものであるという。

第十六条②

救いを疑わない

一切《いっさい》の事《じ》に、あしたゆふべに回心《えしん》して、往生《おうじゅう》をとげ候《そうろ》ふべくは、ひとのいのちは、出《い》づる息《いき》、入《い》るほどをまたずしてをはることなれば、回心《えしん》もせず、柔和忍辱《にゅうわにんにく》のおもひにも住《じゅう》せざらんさきにいのち尽《つ》き［な］ば、摂取不捨《せっしゅふしゃ》の誓願《せいがん》はむなしくならせおはしますべきにや。口《くち》には、願力《がんりき》をたのみたてまつるといひて、こころにはさこそ悪人《あくにん》をたすけんといふ願《がん》、不思議《ふしぎ》にましますといふとも、さすがよからんものをこそたすけたまはんずれとおもふほどに、願力《がんりき》を疑《うたが》ひ、他力《たりき》をたのみまゐらするこころかけて、辺地《へんじ》の生《しょう》をうけんこと、もつともなげきおもひたまふべきことなり。

現代語訳

朝《あさ》から夕《ゆう》まで一日中《いちにちじゅう》、自分《じぶん》がしたことを反省《はんせい》して心《こころ》をあらためてこそ往生《おうじょう》するというのは、阿弥陀仏《あみだぶつ》の誓願《せいがん》とはまったく別《べつ》のことです。人《ひと》の命《いのち》は息《いき》を吐《は》いてふたたび吸《す》う間《ま》もないうちに終《お》わるものです。きっと、心《こころ》をあらためることもなく、安《やす》らかで落《お》ちついた思《おも》いになる前《まえ》に命《いのち》が終《お》わってしまうに違《ちが》いありません。すべての人々《ひとびと》を摂《おさ》め取《と》って決《けっ》して捨《す》てないという阿弥陀仏《あみだぶつ》の誓願《せいがん》には、心《こころ》をあらためるというようなことはないのです。

口先《くちさき》では阿弥陀仏《あみだぶつ》の誓願《せいがん》をたのむと言《い》いながら、心《こころ》の中《なか》ではまったく違《ちが》うことを考《かんが》えている人《ひと》も少《すく》なくありません。そういう人《ひと》たちは、心《こころ》の中《なか》で、こんなふうに考《かんが》えています。阿弥陀仏《あみだぶつ》の本願《ほんがん》は、悪人《あくにん》をも救《すく》う不可思議《ふかしぎ》なものであるといっても、やはり本当《ほんとう》は、善人《ぜんにん》だけをお救《すく》いになるに違《ちが》いない、と。こんなふうに、心《こころ》の中《なか》で本願《ほんがん》のはたらきを疑《うたが》い、本当《ほんとう》の他力本願《たりきほんがん》になりきれないから、結局《けっきょく》、そういう人《ひと》たちは、「辺地《へんじ》」と言《い》われる方便《ほうべん》の浄土《じょうど》しか往生《おうじょう》できなくなってしまうのです。これこそ、まったく情《なさ》けないことだと考《かんが》えるべきでしょう。

キーワード

忍辱《にんにく》

浄土へと至る道の一つである「忍辱」は、耐え忍ぶことを意味するが、他の人を許す寛容な「柔和」とセットになっている。

第十六条③

おのずとそうなる

信心定《しんじんさだ》まりなば、往生《おうじょう》は弥陀《みだ》にはからはれまゐらせてすることなれば、わがはからひなるべからず。わろからんにつけても、いよいよ願力《がんりき》を仰《あお》ぎまゐらせば、自然《じねん》のことわりにて、柔和忍辱《にゅうわにんにく》のこころも出《い》でくべし。すべてよろづのことにつけて、往生《おうじょう》にはかしこきおもひを具《ぐ》せずして、ただほれぼれと弥《み》陀《だ》の御恩《ごおん》の深重《じんじゅう》なること、つねはおもひいだしまゐらすべし。しかれば、念《ねん》仏《ぶつ》も申《もう》され候《そうろ》ふ。これ自然《じねん》なり。わがはからはざるを、自然《じねん》と申《もう》すなり。これすなはち他力《たりき》にてまします。しかるを、自然《じねん》といふことの別《べつ》にあるやうに、われ物《もの》しりがほにいふひとの候《そうろ》ふよし、うけたまはる、あさましく候《そうろ》ふ。

現代語訳

阿弥陀仏《あみだぶつ》の誓願《せいがん》を信《しん》じきるという覚悟《かくご》が定《さだ》まったなら、その後《ご》は、念仏《ねんぶつ》をする人《ひと》を浄土《じょうど》へ生《う》まれさせるのは阿弥陀仏《あみだぶつ》のお仕事《しごと》なのですから、わたしがとかく思案《しあん》すべきことではありません。自分《じぶん》がどれほど悪業《あくぎょう》から離《はな》れることができないと思《おも》うとき、かえってますます本願《ほんがん》のはたらきの尊《たっと》さを思《おも》わせていただくなら、その本願《ほんがん》のはたらきを受《う》けて、人《ひと》はおのずから、柔和忍辱《にゅうわにんにく》という安《やす》らかで落《お》ちついた心《こころ》になるのではないでしょうか。これが阿弥陀仏《あみだぶつ》の、おのずからのはたらきです。万事《ばんじ》、浄土《じょうど》に生《う》まれるためには、利口《りこう》ぶらず、ただ有《あ》り難《がた》いと思《おも》って、我《われ》を忘《わす》れて阿弥陀《あみだ》仏《ぶつ》のご恩《おん》の深《ふか》く重《おも》いことをいつも思《おも》わせていただくのがよいでしょう。そうすれば念仏《ねんぶつ》も口《くち》をついて出《で》てまいります。これが、「おのずとそうなる」ということです。自分《じぶん》のはからいをまじえないことを、「おのずとそうなる」というのです。これはすなわち阿弥陀仏《あみだぶつ》の本願《ほんがん》のはたらきなのです。しかし、それにもかかわらず、「おのずとそうなる」ということが、本願《ほんがん》のはたらきの他《ほか》にもあるかのように、物知《ものし》り顔《がお》に言《い》う人《ひと》がいると聞《き》きます。これはなんとも嘆《なげ》かわしいことではありませんか。

キーワード

自然《じねん》

「しぜん」ではなく「じねん」と読む。自分の考えや解釈、あるいは既成の道徳や決まり事などを交えたりせずに、阿弥陀仏の救いの願いに、ありのままにゆだねること。

第十七条

方便の浄土と真実の浄土

辺地往生《へんぢおうじょう》をとぐるひと、つひには地獄《じごく》におつべしといふこと。この条《じょう》、なにの証文《しょうもん》にみえ候《そうろ》ふぞや。学生《がくしょう》だつるひとのなかに、いひいださるることにて候《そうろ》ふなるこそ、あさましく候《そうら》へ。経論《きょうろん》・正教《しょうぎょう》をば、いかやうにみなされて候《そうろ》ふらん。

信心《しんじん》かけたる行者《ぎょうじゃ》は、本願《ほんがん》を疑《うたが》ふによりて、辺地《へんぢ》に生《しょう》じて疑《うたがい》の罪《つみ》をつぐのひてのち、報土《ほうど》のさとりをひらくとこそ、うけたまはり候《そうら》へ。信心《しんじん》の行者《ぎょうじゃ》すくなきゆゑに、化土《けど》におほくすすめいれられ候《そうろ》ふを、つひにむなしくなるべしと候《そうろ》ふなるこそ、如来《にょらい》に虚妄《こもう》を申《もう》しつけまゐらせられ候《そうろ》ふなれ。

現代語訳

浄土《じょうど》の中心《ちゅうしん》ではなく、「辺地《へんじ》」と言《い》われる方便《ほうべん》の浄土《じょうど》に往生《おうじょう》する人《ひと》は、結局《けっきょく》は地《じ》獄《ごく》に堕《お》ちることになると言《い》う人《ひと》があります。でも、その証拠《しょうこ》はどこにあるのでしょうか。

学者《がくしゃ》ぶった人《ひと》が言《い》いはじめたと聞《き》きますが、あきれた話《はなし》です。このような人《ひと》は、教典《きょうてん》や祖師方《そしがた》の書《か》かれた注釈書《ちゅうしゃくしょ》をどのように読《よ》んでいるのでしょうか。

信心《しんじん》を欠《か》いた念仏《ねんぶつ》の行者《ぎょうじゃ》は、阿弥陀仏《あみだぶつ》の本願《ほんがん》を疑《うたが》うことにより、方便《ほうべん》の浄土《じょうど》に往《おう》生《じょう》し、その疑《うたが》いの罪《つみ》をつぐなった後《あと》、真実《しんじつ》の浄土《じょうど》においてさとりを開《ひら》くとうかがっております。

本願《ほんがん》を信《しん》じて念仏《ねんぶつ》するものが少《すく》ないので、いったん方便《ほうべん》の浄土《じょうど》にほとんどの人《ひと》を往生《おうじょう》させようというのが教典《きょうてん》の本意《ほんい》なのですが、それをそんな人《ひと》は地獄《じごく》行《い》きだと言《い》うのは、まるで釈尊《しゃくそん》が嘘《うそ》をついているということになるのではないでしょうか。

キーワード

学生《がくしょう》だつるひと

中途半端に学問を修めて、学者ぶっている人のことを指す。学識ある者から批判されたからといって、それに対抗してこちらも学者ぶるのは、結局、往生極楽とは関係がない。

第十八条①

お布施の多い／少ないは関係ない

仏法《ぶっぽう》の方《かた》に、施入物《せにゅうもつ》の多少《たしょう》にしたがつて、大小仏《だいしょうぶつ》になるべしといふこと。この条《じょう》、不可説《ふかせつ》なり、不可説《ふかせつ》なり。比興《ひきょう》のことなり。

まづ、仏《ぶつ》に大小《だいしょう》の分量《ぶんりょう》を定《さだ》めんこと、あるべからず候《そうろ》ふか。かの安養浄土《あんにょうじょうど》の教主《きょうしゅ》（阿弥陀仏《あみだぶつ》）の御身量《ごしんりょう》を説《と》かれて候《そうろ》ふも、それは方便報身《ほうべんほうじん》のかたちなり。法性《ほっしょう》のさとりをひらいて、長短《ちょうたん》・方円《ほうえん》のかたちにもあらず、青《しょう》・黄《おう》・赤《しゃく》・白《びゃく》・黒《こく》のいろをもはなれなば、なにをもつてか大小《だいしょう》を定《さだ》むべきや。

現代語訳

道場《どうじょう》や寺院《じいん》に布施《ふせ》として寄進《きしん》する金品《きんぴん》が多《おお》いか少《すく》ないかによって大《おお》きな仏《ほとけ》ともなり、あるいは小《ちい》さな仏《ほとけ》ともなるということ、言語道断《ごんごどうだん》、筋《すじ》の通《とお》らない話《はなし》です。

まず、仏《ほとけ》に大小《だいしょう》の区別《くべつ》をするなどあり得《え》ません。阿弥陀仏《あみだぶつ》がどれほどの大《おお》きさかということが、教典《きょうてん》にも説《と》かれていますが、これは、人《ひと》にわかりやすく理解《りかい》させるための方便《ほうべん》です。阿弥陀仏《あみだぶつ》の本質《ほんしつ》は、長《なが》いとか短《みじか》いとか、四角《しかく》いとか円《まる》いという形《かたち》を超越《ちょうえつ》し、また青《あお》・黄《き》・赤《あか》・白《しろ》・黒《くろ》などの色《いろ》もなく、ましてや大小《だいしょう》を決《き》めることなどあり得《え》ません。

キーワード

施入物《せにゅうもつ》

寺や僧へと喜捨した財物、お布施のこと。お布施が形式化されていくと、その多寡で救済が決まるように思われるが、そのこと自体が仏の道理には合わないと親鸞は言う。

第十八条②

念仏の大小と仏の大小

念仏申《ねんぶつもう》すに、化仏《けぶつ》をみたてまつるといふことの候《そうろ》ふなることこそ、「大念《だいねん》には大仏《だいぶつ》を見《み》、小念《しょうねん》には小仏《しょうぶつ》を見《み》る」（大集経《だいじっきょう》・意《い》）といへるが、もしこのことわりなんどにばし、ひきかけられ候《そうろ》ふやらん。かつはまた、檀波羅蜜《だんぱらみつ》の行《ぎょう》ともいひつべし。いかに宝物《たからもの》を仏前《ぶつぜん》にもなげ、師匠《ししょう》にも施《ほどこ》すとも、信心《しんじん》かけなば、その詮《せん》なし。一紙《いっし》・半銭《はんせん》も仏法《ぶっぽう》の方《かた》に入《い》れずとも、他力《たりき》にこころをなげて信《しん》心《じん》ふかくは、それこそ願《がん》の本意《ほんい》にて候《そうら》はめ。すべて仏法《ぶっぽう》にことをよせて、世《せ》間《けん》の欲心《よくしん》もあるゆゑに、同朋《どうぼう》をいひおどさるるにや。

現代語訳

教典《きょうてん》には、瞑想《めいそう》を繰《く》り返《かえ》すことによって仏《ほとけ》のお姿《すがた》を脳裏《のうり》に思《おも》い描《えが》く修行《しゅぎょう》も説《と》かれていますが、こうした行法《ぎょうほう》によれば、大声《おおごえ》の念仏《ねんぶつ》には大《おお》きな仏《ほとけ》が、小《ちい》さな念仏《ねんぶつ》には小《ちい》さな仏《ほとけ》が現《あらわ》れるのかもしれません。もしかしたら、このような行法《ぎょうほう》の考《かんが》えが、仏《ほとけ》の大小《だいしょう》を説《と》く理由《りゆう》なのでしょうか。

さて、金品《きんぴん》の「寄進《きしん》」は、仏教《ぶっきょう》の実践《じっせん》には大切《たいせつ》な「布施《ふせ》の行《ぎょう》」に基《もと》づくものです。しかし、どれほどの財宝《ざいほう》を仏前《ぶつぜん》に捧《ささ》げ、師《し》に施《ほどこ》したとしても、本願《ほんがん》を信《しん》じる心《こころ》が欠《か》けていたなら、本当《ほんとう》の救《すく》いにはならないのです。寺《てら》や僧侶《そうりょ》に対《たい》して、たとえ一枚《いちまい》の紙《かみ》やほんのわずかな金銭《きんせん》を寄進《きしん》することすらなくても、阿弥陀仏《あみだぶつ》の本願《ほんがん》のはたらきにすべておまかせして、深《ふか》い信心《しんじん》をいただくなら、それこそ本願《ほんがん》のお心《こころ》に合致《がっち》することでありましょう。結局《けっきょく》、このような世俗的《せぞくてき》な欲望《よくぼう》に引《ひ》きずられた道場《どうじょう》や寺院《じいん》の人々《ひとびと》が、仏《ほとけ》の教《おし》えにかこつけてこのようなことを言《い》い、同《おな》じ念仏《ねんぶつ》の仲間《なかま》を脅《おどか》しているのではないでしょうか。

キーワード

大仏《だいぶつ》／小仏《しょうぶつ》

仏は元来、人間には認識不可能で形もない。人々を救うためにさまざまに形を変えて現れる。お布施の多寡で大小を変えるわけではない。そんな考えは捨ててしまえと親鸞は言う。

親鸞の生涯⑥

九〇歳の大往生

親鸞の最期

九〇歳になった親鸞は、病のため、一二六二年（弘長二年）一一月二八日、末娘・覚信尼に看取られて亡くなった。

妻の恵信尼は、娘に宛てた手紙の中で、「父・親鸞の臨終がどのようなものであれ、往生に疑いはない」と記している。『親鸞聖人伝絵』では、臨終に際して親鸞は、仏のご恩の深さを述べ、念仏を称えたのち、やがて念仏の息が絶えたとある。高僧の死としては、非常に静かなものだったようだ。

しかし法灯は続く

親鸞本人は「弟子一人も持たず候ふ」と『歎異抄』に記してあるように、旧来の師弟関係を否定していた。しかし、それでもその教えを受けた人々は、親鸞の教えと弥陀の本願の教えを綿々と後世につなぐために、親鸞を開祖とする教団を形成していった。特に、最も大きな教団となった本願寺の礎を作ったのが、親鸞の曾孫に当たる覚如《かくにょ》であった。覚如は『歎異抄』の著者・唯円からも直接、教えを受けたとされる。

こうして、親鸞が法然から聖覚を介して知った教えは、親鸞から唯円、唯円から覚如へというように、法灯（闇を照らす仏の教え）は次代へと受け継がれていき、現代を生きる私たちの接するところとなったのである。

第七章

何が善で何が悪かはわからない

後序①

本当の信じる心とは何か

右条々《みぎじょうじょう》は、みなもつて信心《しんじん》の異《こと》なるよりことおこり候《そうろ》ふか。故聖人《こしょうにん》（親鸞《しんらん》）の御物語《おんものがたり》に、法然聖人《ほうねんしょうにん》の御《おん》とき、御弟子《おんでし》そのかずおはしけるなかに、おなじく御信心《ごしんじん》のひともすくなくおはしけるにこそ、親鸞《しんらん》、御同朋《おんどうぼう》の御《おん》なかにして御相論《ごそうろん》のこと候《そうら》ひけり。そのゆゑは、「善信《ぜんしん》（親鸞《しんらん》）が信心《しんじん》も聖人《しょうにん》（法然《ほうねん》）の御《ご》信心《しんじん》も一《ひと》つなり」と仰《おお》せの候《そうら》ひければ、勢観房《せいかんぼう》・念仏房《ねんぶつぼう》なんど申《もう》す御同朋達《おんどうぼうたち》、もつてのほかにあらそひたまひて、「いかでか聖人《しょうにん》の御信心《ごしんじん》に善信房《ぜんしんぼう》の信心《しんじん》、一《ひと》つにはあるべきぞ」と候《そうら》ひければ、「聖人《しょうにん》の御智慧《おんちえ》・才覚《さいかく》ひろくおはしますに、一《ひと》つならんと申《もう》さばこそひがごとならめ。往生《おうじょう》の信心においては、まつたく異《こと》なることなし。ただ一《ひと》つなり」と御返答《ごへんとう》ありけれども……

現代語訳

右《みぎ》に取《と》り上《あ》げた「異義《いぎ》」の数々《かずかず》は、どれもみな真実《しんじつ》の信心《しんじん》と異《こと》なっていることから生《しょう》じたものかと思《おも》われます。親鸞聖人《しんらんしょうにん》からこのようなお話《はなし》をうかがったことがあります。法然上人《ほうねんしょうにん》がご存命《ぞんめい》のとき、そのお弟子《でし》は大勢《おおぜい》おいでになりましたが、法然上人《ほうねんしょうにん》と同《おな》じ信心《しんじん》をいだかれている方《かた》は少《すく》なかったのでしょう。親鸞聖人《しんらんしょうにん》と同門《どうもん》のお弟子方《でしがた》との間《あいだ》で、信心《しんじん》をめぐって論《ろん》じあわれたことがありました。

それは、親鸞聖人《しんらんしょうにん》が、「この親鸞《しんらん》（善信房《ぜんしんぼう》）の信心《しんじん》も、法然上人《ほうねんしょうにん》のご信心《しんじん》も同《おな》じである」と仰《おお》せになりましたところ、勢観房《せいかんぼう》、念仏房《ねんぶつぼう》といった同門《どうもん》の方々《かたがた》が、激《はげ》しく反対《はんたい》なさって、「どうして法然上人《ほうねんしょうにん》のご信心《しんじん》と親鸞《しんらん》（善信房《ぜんしんぼう》）の信心《しんじん》とが同《おな》じであるはずがあろうか」と問《と》われたのです。そこで、親鸞聖人《しんらんしょうにん》が、「法然上人《ほうねんしょうにん》は、智《ち》慧《え》も学識《がくしき》も広《ひろ》く優《すぐ》れておられるから、それについてわたしが同《おな》じであると申《もう》すのなら、たしかに間違《まちが》いであろう。しかし、浄土《じょうど》に往生《おうじょう》させていただく信心《しんじん》という点《てん》では、少《すこ》しも異《こと》なることはない。まったく同《おな》じである」とお答《こた》えになったのですが……

キーワード

勢観房《せいかんぼう》
念仏房《ねんぶつぼう》

勢観房は平清盛の曾孫にあたる源智のこと。11歳で法然の弟子となる。念仏房は同じく法然の弟子で、天台宗から法然の門徒となった。ここで法然の弟子たちの論争が語られる。

後序②

阿弥陀仏の信心はただ一つ

なほ「いかでかその義《ぎ》あらん」といふ疑難《ぎなん》ありければ、詮《せん》ずるところ、聖人《しょうにん》の御《おん》まへにて自他《じた》の是非《ぜひ》を定《さだ》むべきにて、この子細《しさい》を申《もう》しあげければ、法然《ほうねん》聖人《しょうにん》の仰《おお》せには、「源空《げんくう》が信心《しんじん》も、如来《にょらい》よりたまはりたる信心《しんじん》なり。善信房《ぜんしんぼう》の信心《しんじん》も、如来《にょらい》よりたまはらせたまひたる信心《しんじん》なり。されば、ただ一《ひと》つなり。別《べつ》の信心《しんじん》にておはしまさんひとは、源空《げんくう》がまゐらんずる浄土《じょうど》へは、よもまゐらせたまひ候《そうら》はじ」と仰《おお》せ候《そうら》ひしかば、当時《とうじ》の一向専修《いっこうせんじゅ》のひとびとのなかにも、親鸞《しんらん》の御信心《ごしんじん》に一《ひと》つならぬ御《おん》ことも候《そうろ》ふらんとおぼえ候《そうろ》ふ。

現代語訳

それでもやはり、「どうしてそのようなわけがあろうか」と、疑《うたが》われ、非難《ひなん》されるので、結局《けっきょく》、法然上人《ほうねんしょうにん》に直接《ちょくせつ》お訊《たず》ねになって、どちらの主張《しゅちょう》が正《ただ》しいか決《き》めようということになりました。

法然上人《ほうねんしょうにん》に、詳《くわ》しい事情《じじょう》をお話《はな》ししたところ、「わたし（「源空《げんくう》」は法然《ほうねん》のこと）の信心《しんじん》も阿弥陀仏《あみだぶつ》からいただいた信心《しんじん》であり、親鸞《しんらん》（善信房《ぜんしんぼう》）の信心《しんじん》も如来《にょらい》よりいただかれた信心《しんじん》です。だからまったく同《おな》じ信心《しんじん》なのです。別《べつ》の信心《しんじん》をいただいておられる人《ひと》は、このわたしが往生《おうじょう》する浄土《じょうど》には、まさか往生《おうじょう》なさることはありますまい」と仰《おお》せになったということでありました。

ですから、同《おな》じ念仏《ねんぶつ》の道《みち》を歩《あゆ》む人々《ひとびと》の間《あいだ》で、親鸞聖人《しんらんしょうにん》のご信心《しんじん》と異《こと》なっておられることもあるのだろうと思《おも》います。

キーワード

疑難《ぎなん》

疑って相手をなじること。仏の道に入り往生するには自力の道もあれば他力の道もある。互いになじり合うのではなく、とにかく弥陀の本願を信じることが重要と説く。

後序③

真実の教えと方便の教え

いづれもいづれも繰《く》り言《ごと》にて候《そうら》へども、書《か》きつけ候《そうろ》ふなり。露命《ろめい》わづかに枯《こ》草《そう》の身《み》にかかりて候《そうろ》ふほどにこそ、あひともなはしめたまふひとびと［の］御《ご》不審《ふしん》をもうけたまはり、聖人《しょうにん》（親鸞《しんらん》）の仰《おお》せの候《そうら》ひし趣《おもむき》をも申《もう》しきかせまゐらせ候《そうら》へども、閉眼《へいがん》ののちは、さこそしどけなきことどもにて候《そうら》はんずらめと、歎《なげ》き存《ぞん》じ候《そうら》ひて、かくのごとくの義《ぎ》ども、仰《おお》せられあひ候《そうろ》ふひとびとにも、いひまよはされなんどせらるることの候《そうら》はんときは、故聖人《こしょうにん》（親鸞《しんらん》）の御《おん》こころにあひかなひて御《おん》もちゐ候《そうろ》ふ御聖教《おんしょうぎょう》どもを、よくよく御覧候《ごらんそうろ》ふべし。おほよそ聖教《しょうぎょう》には、真実《しんじつ》・権仮《ごんけ》ともにあひまじはり候《そうろ》ふなり。権《ごん》をすてて実《じつ》をとり、仮《け》をさしおきて真《しん》をもちゐるこそ、聖人《しょうにん》（親鸞《しんらん》）の御本意《ごほんい》にて候《そうら》へ。かまへてかまへて、聖教《しょうぎょう》を見《み》、みだらせたまふまじく候《そうろ》ふ。大切《たいせつ》の証文《しょうもん》ども、少々《しょうしょう》ぬきいでまゐらせ候《そうろ》うて、目《め》やすにして、この書《しょ》に添《そ》へまゐらせて候《そうろ》ふなり。

現代語訳

どれもこれも、繰《く》り返《かえ》しにはなりますが、ここに書《か》きつけておきました。露《つゆ》のようなわたしの命《いのち》が、枯《か》れ草《くさ》のように老《お》い衰《おとろ》え、辛《かろ》うじて止《と》まっているうちは、念《ねん》仏《ぶつ》の道《みち》を歩《あゆ》まれる人々《ひとびと》の疑問《ぎもん》もうかがい、親鸞聖人《しんらんしょうにん》が仰《おお》せになった教《おし》えのこともお話《はな》ししてお聞《き》かせいたしますが、わたしが命《いのち》を終《お》えた後《あと》は、さぞかし多《おお》くの誤《あやま》った考《かんが》えが入《い》り乱《みだ》れることになるのではないかと、嘆《なげ》かわしく思《おも》います。ここに述《の》べたような異義《いぎ》を主張《しゅちょう》される人々《ひとびと》の言葉《ことば》に惑《まど》わされそうになったときには親鸞聖人《しんらんしょうにん》がそのお心《こころ》にかなった日《ひ》ごろ用《もち》いておられた聖教《しょうぎょう》をよくよくご覧《らん》になるのがよいでしょう。聖教《しょうぎょう》には、真実《しんじつ》の教《おし》えと方便《ほうべん》の教《おし》えとが交《ま》じっています。方便《ほうべん》の教《おし》えは仮《かり》にわかりやすく説《と》いてあるものですから捨《す》てて用《もち》いず、真実《しんじつ》の教《おし》えをいただくことこそが、親鸞聖人《しんらんしょうにん》の御本意《ごほんい》です。くれぐれも注意《ちゅうい》して、決《けっ》して聖教《しょうぎょう》を読《よ》み誤《あやま》ることがあってはなりません。そこで、その証拠《しょうこ》の文《ぶん》となる親鸞聖人《しんらんしょうにん》のお言葉《ことば》を、少《すこ》しではありますが抜《ぬ》き出《だ》して、箇条書《かじょうが》きにしてこの書《しょ》に添《そ》えさせていただいたのです。

キーワード

権《ごん》仮《け》

「権」「仮」のいずれも「仮」の意。本当の真実はさまざまな形で見えてくるものであり、臨機応変に現れてくる。その時々に合わせて、真実へと辿り着くための仮の教えを指す。

後序④

迷いの世界

聖人《しょうにん》（親鸞《しんらん》）のつねの仰《おお》せには、「弥陀《みだ》の五劫思惟《ごこうしゆい》の願《がん》をよくよく案《あん》ずれば、ひとへに親鸞一人《しんらんいちにん》がためなりけり。されば、それほどの業《ごう》をもちける身《み》にてありけるを、たすけんとおぼしめしたちける本願《ほんがん》のかたじけなさよ」と御述懐《ごじゅっかい》候《そうら》ひしことを、いままた案《あん》ずるに、善導《ぜんどう》の「自身《じしん》はこれ現《げん》に罪悪生死《ざいあくしょうじ》の凡夫《ぼんぶ》、曠劫《こうごう》よりこのかた、つねにしづみ、つねに流転《るてん》して、出離《しゅつり》の縁《えん》あることなき身《み》としれ」（散善義《さんぜんぎ》）といふ金言《きんげん》に、すこしもたがはせおはしまさず。さればかたじけなく、わが御身《おんみ》にひきかけて、われらが身《み》の罪悪《ざいあく》のふかきほどをもしらず、如来《にょらい》の御恩《ごおん》のたかきことをもしらずして迷《まよ》へるを、おもひしらせんがためにて候《そうら》ひけり。

現代語訳

親鸞聖人《しんらんしょうにん》が、つねづね仰《おお》せになっていたことはこのようなことでした。「阿弥陀《あみだ》仏《ぶつ》が五劫《ごこう》と長《なが》い間《あいだ》に思《おも》いをめぐらして立《た》てられた本願《ほんがん》をよくよく考《かんが》えてみると、それはひとえに、この親鸞一人《しんらんひとり》をお救《すく》いくださるためなのだった。そう思《おも》えばこのわたしは多《おお》くの悪業《あくぎょう》に縛《しば》られ、重《おも》い罪《つみ》を背負《せお》う身《み》であったのに、救《すく》おうと思《おも》い立《た》ってくださった阿弥陀仏《あみだぶつ》の本願《ほんがん》の、何《なん》ともったいないことであろうか」と。そう仰《おっしゃ》った親鸞聖人《しんらんしょうにん》の述懐《じゅっかい》を、今《いま》また考《かんが》えてみると、善導大師《ぜんどうだいし》の言葉《ことば》と同《おな》じだったとつくづく思《おも》うのです。善導大師《ぜんどうだいし》は、このように仰《おっしゃ》っています。「自分《じぶん》は、この現実《げんじつ》に、深《ふか》く重《おも》い罪悪《ざいあく》を抱《かか》えたまま、迷《まよ》いの世界《せかい》にさまよい続《つづ》けている凡夫《ぼんぶ》であり、果《は》てしない過去《かこ》の世《よ》から今《いま》に至《いた》るまで、この迷《まよ》いの世界《せかい》に沈《しず》み、また生《う》まれ変《か》わり死《し》に変《か》わり続《つづ》けてきたのであって、そこから抜《ぬ》け出《で》る縁《えん》などない身《み》であると知《し》れ」と。されば、もったいないことに、親鸞聖人《しんらんしょうにん》がご自身《じしん》のこととしてお話《はなし》になったのは、わたしどもが、自分《じぶん》の罪悪《ざいあく》がどれほど深《ふか》く重《おも》いのかも知《し》らず、如来《にょらい》のご恩《おん》がどれほど高《たか》く尊《たっと》いものかも知《し》らずに、迷《まよ》いの世界《せかい》に沈《しず》んでいるのを気《き》づかせるためであったのです。

キーワード

出離《しゅつり》

迷いの世界から抜け出すこと。自分は何も知らない凡夫であることを素直に受け入れ、それでも弥陀の救済はある、救ってくれると心から念仏することで出離の境地へ達する。

後序⑤

善悪の違いはわからない

まことに如来《にょらい》の御恩《ごおん》といふことをば沙汰《さた》なくして、われもひとも、よしあしといふことをのみ申《もう》しあへり。聖人《しょうにん》の仰《おお》せには、「善悪《ぜんあく》のふたつ、総《そう》じてもって存知《ぞんじ》せざるなり。そのゆゑは、如来《にょらい》の御《おん》こころに善《よ》しとおぼしめすほどにしりとほしたらばこそ、善《よ》きをしりたるにてもあらめ、如来《にょらい》の悪《あ》しとおぼしめすほどにしりとほしたらばこそ、悪《あ》しさをしりたるにてもあらめど、煩悩《ぼんのう》具足《ぐそく》の凡夫《ぼんぶ》、火宅無常《かたくむじょう》の世界《せかい》は、よろづのこと、みなもつてそらごとたはごと、まことあることなきに、ただ念仏《ねんぶつ》のみぞまことにておはします」とこそ仰《おお》せは候《そうら》ひしか。

現代語訳

わたしたちは、如来《にょらい》の御恩《ごおん》がどれほど尊《たっと》いかを問《と》うこともなく、いつもお互《たが》いに善悪《ぜんあく》のことばかりを言《い》い争《あらそ》っているのです。

親鸞聖人《しんらんしょうにん》は、「何《なに》が善《ぜん》であり何《なに》が悪《あく》であるのか、そのどちらもわたしはまったく知《し》らない。なぜなら、阿弥陀仏《あみだぶつ》がその御心《みこころ》で、善《ぜん》とお思《おも》いになるほどに善《ぜん》を知《し》り尽《つ》くしたのであれば、善《ぜん》を知《し》ったと言《い》えるであろうし、また阿弥陀仏《あみだぶつ》が悪《あく》とお思《おも》いになるほどに悪《あく》を知《し》り尽《つ》くしたのであれば、悪《あく》を知《し》ったと言《い》えるだろうが、わたしども人間《にんげん》は、あらゆる煩悩《ぼんのう》をそなえた凡夫《ぼんぶ》であり、この世《よ》は燃《も》えさかる家《いえ》のようにたちまちに移《うつ》り変《か》わる世界《せかい》であって、すべては虚《むな》しく、真実《しんじつ》と言《い》えるものは何一《なにひと》つない。その中《なか》にあって、ただ念仏《ねんぶつ》だけが真実《しんじつ》なのである」と仰《おお》せになったのです。

キーワード

火宅《かたく》

煩悩は、まさに火事にあった家宅のように燃えさかっている。そのような煩悩が燃えさかっているところこそが、この世である。そのなかでただ一つの真実は念仏であるという。

後序⑥

唯円の「歎き」

まことに、われもひともそらごとをのみ申《もう》しあひ候《そうろ》ふなかに、ひとついたましきことの候《そうろ》ふなり。そのゆゑは、念仏申《ねんぶつもう》すについて、信心《しんじん》の趣《おもむき》をもたがひに問答《もんどう》し、ひとにもいひきかするとき、ひとの口《くち》をふさぎ、相論《そうろん》をたたんがために、まつたく仰《おお》せにてなきことをも仰《おお》せとのみ申《もう》すこと、あさましく歎《なげ》き存《ぞん》じ候《そうろ》ふなり。このむねをよくよくおもひとき、こころえらるべきことに候《そうろ》ふ。

現代語訳

わたしどもは、本当《ほんとう》に、自他《じた》ともにみな、虚《むな》しいことばかりを言《い》い合《あ》っていますが、とりわけ心《こころ》の痛《いた》むことが一《ひと》つあります。それは、念仏《ねんぶつ》について、お互《たが》いに信心《しんじん》のあり方《かた》を論《ろん》じ合《あ》い、他《ほか》の人《ひと》に説《と》き聞《き》かせるとき、相手《あいて》にものを言《い》わせず、議論《ぎろん》に勝《か》つために、親鸞聖人《しんらんしょうにん》が仰《おお》せになっていないことまで、聖人《しょうにん》の仰《おお》せであると言《い》い張《は》ることです。まことに情《なさ》けなく、非常《ひじょう》に嘆《なげ》かわしく思《おも》います。ですから、これまで述《の》べてきたことを十分《じゅうぶん》にご理解いただき、心得《こころえ》ていただきたいと思《おも》うのです。

キーワード

歎《なげ》き

親鸞の教えを自分の主張を通すために捻じ曲げてしまう、そんな人々が多いことに、『歎異抄』の著者・唯円の歎きは、同書の終わりに向けて、いっそう強くなっていく。

後序⑦

親鸞の言葉をきちんと受け取る

これさらにわたくしのことばにあらずといへども、経釈《きょうしゃく》の往《ゆ》く路《じ》もしらず、法文《ほうもん》の浅深《せんじん》をこころえわけたることも候《そうら》はねば、さだめてをかしきことにてこそ候《そうら》はめども、故親鸞《こしんらん》の仰《おお》せごと候《そうら》ひし趣《おもむき》、百分《ひゃくぶん》が一《ひと》つ、かたはしばかりをもおもひいでまゐらせて、書《か》きつけ候《そうろ》ふなり。かなしきかなや、さいはひに念仏《ねんぶつ》しながら、直《じき》に報土《ほうど》に生《う》まれずして、辺地《へんぢ》に宿《やど》をとらんこと。一室《いっしつ》の行者《ぎょうじゃ》のなかに、信心異《しんじんこと》なることなからんために、なくなく筆《ふで》を染《そ》めてこれをしるす。なづけて『歎異抄《たんにしょう》』といふべし。外見《がいけん》あるべからず。

現代語訳

以上《いじょう》のことは、わたしが勝手《かって》に申《もう》し上《あ》げていることではございません。わたしは、教典《きょうてん》や祖師方《そしがた》の書《か》かれた注釈書《ちゅうしゃくしょ》も深《ふか》く研究《けんきゅう》したものでもございませんから、きっと見苦《みぐる》しいものに違《ちが》いありません。しかし、昔《むかし》、親鸞聖人《しんらんしょうにん》が仰《おお》せになっておられたことの百分《ひゃくぶん》の一《いち》ほど、ほんのわずかなことを思《おも》い出《だ》して、ここに書《か》き記《しる》したのでございます。

幸《さいわ》いにも念仏《ねんぶつ》する身《み》となったものの、ただちに浄土中心《じょうどちゅうしん》に往生《おうじょう》することなく、辺地《へんじ》にとどまるのは、何《なん》と悲《かな》しいことでしょう。同《おな》じ念仏《ねんぶつ》の行者《ぎょうじゃ》の中《なか》で、信心《しんじん》の異《こと》なることがないように、涙《なみだ》にくれながら筆《ふで》を執《と》り、これを書《か》き記《しる》し、「歎異抄《たんにしょう》」と名《な》づけることに致《いた》します。

軽々《かるがる》しく人《ひと》にはお見《み》せになられませんように。

キーワード

歎異抄《たんにしょう》

唯円もまた往生極楽のために何を信じるべきかわからなかった。親鸞の言葉を騙り異説が横行する世にあって、改めて仏の教えに向き合えるよう『歎異抄』を著したのである。

『歎異抄』を読む

『歎異抄』の「流罪記録」と「奥書」

『歎異抄』は、これまで紹介してきたように、序、中序、後序という三つの序と十八条からなり、最後に「流罪記録」と浄土真宗の中興の祖である蓮如による「奥書」が付されています。本書では紙幅の都合上、「流罪記録」と「奥書」の原文は掲載していませんが、以下に現代語訳を挙げておきましょう。親鸞は師の法然らとともに、奈良の興福寺の僧侶らに訴えられ、流罪に処せられています。いわゆる「承元の法難」と呼ばれるものです。『歎異抄』に付された「流罪記録」はその記録になります。

後鳥羽院（在位一一八三〜一一九八）の時代、法然上人は、他力本願念仏の一宗を興し、世にひろめられた。この時、興福寺の僧侶が、それは仏の教えに背くものであるとして朝廷に訴えた。そして、法然上人のお弟子のなかに無法な振る舞いがあったという事実無根の噂によって、処罰された人々があった。

法然上人とそのお弟子の七人は流罪。また、お弟子の四人は死罪。

法然上人は、土佐の国、幡多《はた》に流罪となり、罪人の名としては藤井元彦《ふじいのもとひこ》。この時、年齢は七十六歳。

親鸞は、越後の国に流罪。罪人の名としては藤井善信《ふじいのよしざね》。年齢は三十五歳。

浄聞房《じょうもんぼう》は備後《びんご》の国に。澄西禅光房《ちょうさいぜんこうぼう》は伯耆《ほうき》の国に。好覚房《こうがくぼう》は伊豆の国に。行空法本房《ぎょうくうほうほんぼう》は佐渡の国に。

幸西成覚房《こうさいじょうがくぼう》と善恵房《ぜんえぼう》の二人は、同じく流罪と決まったが、無動寺《むどうじ》の善題大僧正《ぜんだい》が願い出て両人の身柄を引き受けたという。流罪に処せられた人々は、以上の八人。

死罪に処せられた人々は、

一、西意善綽房《さいいぜんしゃくぼう》
二、性願房《しょうがんぼう》
三、住蓮房《じゅうれんぼう》
四、安楽房《あんらくぼう》

これらは、二位《にい》の法印、尊長《そんちょう》の裁定によるものである。

親鸞は、流罪になったとき、僧籍を取り上げられて俗名《ぞくみょう》を与えられた。よって僧侶でもなく俗人でもない身となった。これにより、「禿《とく》」の字を自分の姓とすると朝廷に申し出、許された。その書状が今も外記庁に納められているという。

流罪以降、親鸞は、自分の名を愚禿《ぐとく》親鸞とお書きになるのである。

自らのことを「愚禿」と呼ぶことで、いかに自分が愚かな人間であるかを表明し、それに気づくことから、救済の道は始まる。むしろ、それしかないという域まで達し、一心に念仏を唱え、弥陀の本願に身を委ねる。だからこそ、救われる……。

承元の法難では、師の法然も親鸞も流罪に処されただけでなく、なかには死罪となった者たちもありました。こうした弾圧に、何度も法然や親鸞の教えはさらされながらも、本当の救いに達する道を、次へとつないでいく人たちの努力によって、連綿とその教えは保たれてきたのです。

右、この聖教《しょうぎょう》は、本願寺にとって大切な教えである。前世で仏教に縁がなく、教えを聞く条件が備わったものでなければ、たやすくこれを読むことを許してはならない。

蓮如

このように、最後の奥書を処した蓮如も、まさに弥陀の本願を次代へとつないだ人物のひとりと言えるでしょう。

現代に息づく親鸞の教え

いかがでしたでしょうか。法蔵（阿弥陀如来の修行時代の名）から釈迦《しゃか》、釈迦から龍樹《りゅうじゅ》、龍樹から曇鸞《どんらん》、曇鸞から法然、法然から聖覚、聖覚から親鸞、そして親鸞から『歎異抄』を著した唯円や蓮如と、連綿と続いてきた「すべての人は自ずから救われる」という救済の教えは、それをつなげてきた人たちの努力によって、いままさに私たちの目の前にあります。

先行きの見えない現代社会において、どのように心の安定を保つのか、『歎異抄』には多くのヒントが散りばめられていると言えるでしょう。本書をゆっくりと味わいながら読み、その言葉一つひとつを人生の糧にしていただけたら幸いです。

山口謠司

山口謠司（やまぐち・ようじ）
1963年、長崎県佐世保市生まれ。大東文化大学大学院、フランス国立社会科学高等研究院大学院に学ぶ。現在、大東文化大学文学部教授。専門は書誌学、音韻学、文献学。主な著書に『日本語を作った男 上田万年とその時代』（集英社インターナショナル、第29回和辻哲郎文化賞受賞）、『語彙力がないまま社会人になってしまった人へ』（ワニブックス）、「おとなのための１分音読」シリーズ（自由国民社）、『文豪たちのずるい謝罪文』『知性と教養が一瞬で伝わる！ 一流の語彙力ノート』（ともに宝島社）など多数。

大きな活字で歎異抄
現代語訳

2023年6月30日　第1刷発行
著　者　山口謠司
発行人　蓮見清一
発行所　株式会社宝島社
〒102-8388　東京都千代田区一番町25番地
電話：編集　03-3239-0926
営業　03-3234-4621
https://tkj.jp
印刷・製本　サンケイ総合印刷株式会社

Printed in Japan
ISBN 978-4-299-04381-8